Johannes Alzog

Die deutschen Plenarien (Handpostillen)

im 15. und zu Anfang des 16. Jahrhunderts 1470-1522. Ein Beitrag zur Geschichte der religiösen Volksbildung in jener Zeit, besonders in Südteutschland.

Johannes Alzog

Die deutschen Plenarien (Handpostillen)
im 15. und zu Anfang des 16. Jahrhunderts 1470-1522. Ein Beitrag zur Geschichte der religiösen Volksbildung in jener Zeit, besonders in Südteutschland.

ISBN/EAN: 9783743683556

Hergestellt in Europa, USA, Kanada, Australien, Japan

Cover: Foto ©ninafisch / pixelio.de

Weitere Bücher finden Sie auf **www.hansebooks.com**

Die

deutschen Plenarien

(Handpostillen)

im

15. und zu Anfang des 16. Jahrhunderts
(1470—1522).

Ein Beitrag

zur Geschichte der religiösen Volksbildung in jener Zeit, besonders in Südteutschland.

Von

Dr. J. Alzog.

(Separat-Abdruck aus dem Freiburger Diöcesan-Archiv, VIII. Band.)

Freiburg im Breisgau.
Herder'sche Verlagshandlung.
1874.
Zweigniederlassungen in *Strassburg*, *München* und *St. Louis*, Mo.

Inhalt.

	Seite
A. Ausgaben der teutschen Plenarien	4
B. Ursprüngliche Beschaffenheit und allmälige Erweiterung, Vervollkommnung der teutschen Plenarien inhaltlich und typographisch	11
C. Auszüge aus den ältern und jüngern Plenarien	28
D. Verwandte Hülfsmittel zur religiösen Volksbildung, in derselben Zeit am zahlreichsten gerade in Teutschland	65

Wir können unsere Mittheilungen über den vorstehenden ebenso wichtigen als interessanten Gegenstand kaum besser beginnen als mit den Worten eines kenntnißreichen Literärhistorikers und unparteiischen protestantischen Forschers, Johannes Geffcken, mit welchen er die Publikation eines ganz verwandten Gegenstandes, die Catechisation im 15. Jahrhundert, eingeleitet hat [1]. „Es kam (hier) darauf an," sagte er im Vorworte, „eine verlorene, jedenfalls vergessene Literatur Schritt für Schritt wieder zu entdecken und im Zusammenhange zu begreifen. — Wie wenig die fragmentarischen Notizen sagen wollen, die Langemack, historia catechetica Tom. I., Köcher, catechetische Geschichte der päpstlichen Kirche u. A. über die von mir bearbeitete Zeit gegeben haben, wird aus den nachfolgenden Mittheilungen wohl erhellen. Das Schlimmste aber war, daß jene dürftigen Notizen sich noch vielfach als falsch erwiesen, und statt den rechten Weg zu zeigen, vielmehr in die Irre führten. Meist werden nur Büchertitel angeführt, ohne Bekanntschaft mit dem, was die Bücher enthalten, oft wird aus einem unbestimmten und räthselhaften Titel auf einen ganz andern Inhalt geschlossen, als das Buch wirklich hat. Bei dem Geiste confessioneller Befangenheit, in welchem jene Werke geschrieben waren, kam es den Verfassern, wie sie über die vorreformatorische Zeit je etwas sagten, nur darauf an, einen recht dunklen Hintergrund zu zeichnen, auf welchem sich das 16. Jahrhundert desto glänzender abheben möge."

Das paßt vollkommen auf die hier zu besprechenden Plenarien, und ist insbesondere zu beklagen, daß die über frühe und seltene Druckwerke vorhandene Literatur jene weder genau und vollständig aufführen, noch den Inhalt nur einigermaßen befriedigend beschreiben. So erwähnt z. B. Brunet, manuel du libraire — dans lequel sont décrits les livres rares, précieux, singuliers et aussi les ouvrages les plus estimés etc. V. édit. Par. 1860—1865 in VI To-

---

[1] Der Bildercatechismus des 15. Jahrh. und die catechetischen Hauptstücke in dieser Zeit bis auf Luther, mitgetheilt und erläutert von Johannes Geffcken, Dr. der Philosophie und Prediger zu St. Michael in Hamburg. Leipz. 1855 in 4.

mes an dem betreffenden Orte Tom. IV. s. v. „Plenarium" nur eines Plenarium (das) oder Ewangely buoch, Basel (Petri von Langendorff) 1514 in fol. ohne den Inhalt nur zu berühren; auch bringt er Tom. II. s. v. Evangeliarium — evangelia — évangiles nichts weiteres. Etwas vollständiger behandelt den Gegenstand Hain, repertorium bibliographicum, in quo libri omnes (?) ab arte typographica inventa usque ad an. MD, Stuttg. et Tubing. 1826—1828, unter dem Artikel: „Evangelia et epistolae" Vol. II. p. 330—333, und verweist schließlich auf den titulus „Plenarium", wo sich — aber gar nichts findet! Größere Hoffnungen setzten wir auf den geschätzten Dresdener Literärhistoriker Graesse, trésor de livres rares et précieux ou nouveau dictionnaire bibliographique, Dresde 1859—1869. Als wir aber die Rubrik „Plenarien" aufschlugen, fanden wir darin nur fünf: von Augsburg 1473; ebenda 1480; von Urach 1481; von Basel 1514, und von Braunschweig 1506 in niedersächsischer Mundart ohne weitere Angabe des Inhaltes verzeichnet. Da war doch früher schon ungleich Besseres angebahnt und geleistet: von Nicolaus Weislinger in seinem armamentarium catholicum, Argent. 1749 fol. sub anno 1488 pag. 412—415, und dann von Panzer in seinen „Annalen der ältern deutschen Literatur, oder Anzeige und Beschreibung derjenigen Bücher, welche von Erfindung der Buchdruckerkunst bis MDXX in deutscher Sprache gedruckt worden sind, Nürnb. 1788." Vgl. besonders S. 78—79. Namentlich hatte der bücherkundige Joh. Nicol. Weislinger[1] angefangen, die Beschaffenheit der Plenarien zu beschreiben: „Damit aber jedermann sehe solche Einrichtung des ganzen Buchs, als will ich das allererste Stück hier mittheilen, von wort zu wort, nach ihrer alten weise zu reden. Der erst suntag in dem advent, und von erst den anfange der meß." pag. 413—415. Weislinger machte dabei noch eine andere Mittheilung, welche ich sonst nirgendwo gefunden habe. Er sagt: „Wir Teutsche rühmen uns nicht allein solcher heiliger Schriften; andere Nationen besitzen auch dergleichen Kostbarkeiten; also haben die Franzosen Les postilles et expositions des Epistres et Evangiles Dominicales etc. Troyes an. 1480; 1492; Paris 1497. Deßgleichen die Italiäner vom Jahr 1483 ohne Meldung des Orts und Druckers. Item: Epi-

---

[1] Wenn wir in unserm Aufsatz über denselben (Bd. I. S. 434 dieses Archivs) bedauerten, nicht angeben zu können, wohin dessen reichhaltige und kostbare Bibliothek gekommen, so können wir jetzt die zuverlässige Mittheilung machen, daß der Churfürst Max Joseph III. von Bayern (1745—1777) selbe gekauft hat, und sie gegenwärtig der königl. Hofbibliothek in München einverleibt ist.

stole et Evangeli per tutto l'anno, per Annibale da Parma, Venetiis 1487 etc. Diesem nach fehlte es vor der sog. Reformation in der katholischen Kirche nicht an der hl. Schrift, Evangelien, Episteln ꝛc., anderen Auslegungen und Erklärungen."

Indem wir nun zu der möglichst vollständigen Aufzählung, wie zur Beschreibung der Einrichtung und der allmäligen Entwickelung, Vervollkommnung dieser deutschen Plenarien übergehen, müssen wir gestehen, die Benennung nicht gehörig erklären zu können, da auch dasjenige, was du Cange, glossarium mediae et infimae latinitatis sub h. v. in der unten stehenden Note[1] beibringt, wenig befriedigt. Statt dessen möge vorerst die Angabe genügen, daß diese von etwa 1470 bis 1522 sehr zahlreich und schnell aufeinander folgenden deutschen Druckwerke in vollstem Sinne Postillen waren, wie sie auch frühzeitig so genannt wurden: die Episteln und Evangelien und später die ganzen Meßformularien auf alle Sonn= und Festtage Christi und der Heiligen, wie aus der Advent= und Fastenzeit in deutscher Übersetzung enthalten, und zu den Episteln und Evangelien eine Gloß oder Auslegung bieten, in weiterer Entwickelung auch noch belehrende, bisweilen erschüt=ternde Erzählungen, kirchliche Hymnen und Erläuterungen von Cultfor=men beifügen. Daß der Zweck solcher Plenarien war, die gottesdienst=liche Feier in lateinischer Sprache verständlicher und auch in fortzusetzen=der Privatandacht fruchtbarer zu machen, darf als selbstverständlich vor=ausgesetzt werden. Und waren solche Hülfsmittel zahlreich und durch einen immer vervollkommneten Inhalt anregend und ansprechend, so wird man bekennen müssen, daß in der oben angegebenen Zeit der Entstehung und des immer wiederholten Druckes der Plenarien für die religiöse Volks=bildung besser als zu irgend einer frühern oder spätern Zeit gesorgt war.

Diesen jetzt wenig oder gar nicht gekannten Thatbestand umständ=lich und überzeugend darzulegen, fühlte ich mich um so mehr veran=laßt, als ich bei Besorgung der 9. Ausgabe meines Handbuches der Universalkirchengeschichte für den fraglichen Gegenstand unsere (die Frei=

---

[1] Plenarium, liber quivis, in quo aliquid plene continetur, puta quatuor evangelia, omnes epistolae canonicae etc.; nach charta Ludov. Pii a. 832 census cuncti, tam in oleo quam in cera, sive denariis, pleniter partibus prae-fatae ecclesiae, sicut in plenariis et breviariis ejusdem matris ecclesiae continetur. Nach dem angeführten Hauptinhalte dieser Bücher sollte der Name wohl anzeigen, daß darin die vollständigen Messen sammt dem ganzen Texte der Episteln und Evangelien in deutscher Sprache geboten werden. Merk=würdig ist, daß so geartete „Plenaria" in lateinischer Sprache nicht vorkommen, von den Bibliographen auch nicht erwähnt werden, wie schon Panzer l. c. Seite 79 bemerkt hat.

burger) für ältere kirchliche Literatur so überaus reiche Universitätsbibliothek von Neuem durchforschte, und in meiner Zuversicht bald freudig bestärkt, in meinen Hoffnungen weit übertroffen wurde. Während nämlich die meisten Literärhistoriker nur ein oder das andere Exemplar solcher Plenarien vor sich hatten, andere nur nach den zerstreuten Berichten entfernter Literaturfreunde verzeichneten, sah ich mich jetzt im Besitz sechs verschiedener Ausgaben von 1473 (ohne Druckort), 1480 zu Augsburg, 1481 zu Urach, 1483 zu Straßburg, 1514 und 1522 zu Basel, sämmtliche ohne Namen der Verfasser, wozu ich dann noch die verwandten Arbeiten Geiler's von Keisersperg in 6 Straßburger Publicationen fand. Mit solchem Material ließ sich eine nicht unbedeutende Lücke in der Kirchengeschichte ausfüllen, womit wir im Freiburger Diöcesan-Archiv den Anfang machen, Ausführlicheres uns für die Zukunft vorbehaltend, wenn Gott Leben und Gesundheit verleiht.

Um für spätere eingänglichere Untersuchungen wissenschaftlicher Fragen eine passende Unterlage zu gewinnen, werden wir hier zunächst 1) sämmtliche nachweisbare deutsche Ausgaben der Plenarien verzeichnen; 2) deren Einrichtung und fortschreitende Vervollkommnung beschreiben; 3) den Inhalt durch eine Reihe von Auszügen materiell und formell weiter veranschaulichen.

A. Ausgaben der deutschen Plenarien.

Wir beginnen die Aufzählung mit zwei Publicationen ohne Angabe des Jahres und Druckortes, wie sie bei Panzer (Annalen S. 19) und bei Weislinger (armamentar. p. 415) verzeichnet sind; sie dürften aus den Jahren 1470—73 stammen, jedenfalls sind sie nach der Titelangabe verschieden.

1. In dem namen des herrn Amen. hie vaht sich an ein plenari nach ordnung der heiligen christlichen kirchen in dem man geschrieben vindet all epistel vnd ewangeli als die gesungen vnd gelesen werdent in dem ampt der heiligen meß durch das gantz Jare in massen wie hernach geschrieben steet. In Folio. Nach Panzer befand sich diese Ausgabe in der Bibliothek des Herrn Revisionsraths v. Oefele in München.

2. Bei Weislinger heißt es: Das erste, so genannt wird, Plenarium, ist sehr alt, unter dem Titul: Evangelia mit der Gloß und Episteln Tütsch ꝛc. Auf dem Titulblat siehet man die Bildnus Christi und des Samaritanischen Weibs beim Brunnen Jacobs. Joh. 4, 6 ꝛc. Hierauf folgt eine kurze Vorrede, welche also anfangt: In dem Namen des Herrn, Amen ꝛc. Das übrige stimmt mit dem vorigen

überein (Ewangelij mit der gloß vnnb der Epiſtl' teutſch ꝛc. Straß=
burg 1488).

3.* Aus der **Freiburger Univerſitäts-Bibliothek** liegt
vor mir: Ein Band in klein Folio, auf dem Titelblatt ein ſchönes
Chriſtusbild von merkwürdiger Größe, das den globus imperialis
(Kugel mit Kreuz darauf) in der linken Hand hält, während die Rechte
ſich zum Segen erhebt. Es hat folgende Inſchrift, die um alle vier
Seiten herumgeht: „Diſe Bildung iſt gemacht nach der menſchlichen
Jheſu criſti — als er auff ertreich gegangen iſt. Vnd alſo hat er ein
har vnd ein bart vnd lieplich angeſicht. Auch ein [1] . . . .
iſt er gegangen. Auch iſt er des hauptes lenger geweſen dann all'
ander' menſchen uff erden." Auf der Kehrſeite des Titelblattes beginnt
die kurze Vorrede alſo: Ju dem namen des Herrn amen. Hie vahet
ſich an ein plenari nach ordnung der heyligen chriſtlichen kirchen, in
dem man findet epiſtel vnb ewangeli, als die geſungen vnd geleſen
werdent in dem ampt der heiligen meſſz, in maſſen hernach volgent ꝛc.
Am Schluß des Buches ſteht: Evangelia cum epistolis annexisque
suis glosis finiunt feliciter. Anno incarnationis domini Milesimo-
quadringentesimo. Septuagesimo tercio, ipso die Cinerum. cui laus
et gloria.

4. Bei Panzer S. 78. Hie hebt ſich an ein Plenari nach
ordnung der heyligen chriſtlichen Kirchen. Jn dem man geſchrieben
vindet Epiſtel und Evangely u. ſ. w. Am Ende: Gedruckt vnd volennbet zu **Augſpurg** von **Johanne Bämler** im LXXIV jar. Jn
Folio (1474).

5. Bei Weiſslinger p. 149 wird ein gleiches erwähnt aus der=
ſelben Druckerei, Augſpurg 1476.

6.* Mir zur Hand iſt: Ein Band in klein Folio, auf dem Titel=
blatt ein Bild mit Chriſtus am Kreuze, zu beiden Seiten Maria und
Johannes, in den vier Ecken die bekannten Symbole der vier Evan=
geliſten. Auf der Kehrſeite des Titelblattes ſteht: Jn dem namen des
Herren Amen: Hye vahet ſich an ein plenari nach ordnung b' heiligen
chriſtlichen Kirchen, in dem man **geſchrieben** findet all epiſtel vnd
evangely, als die geſungen vnd geleſen werdent in dem ampt der heyligen
meſz **durch bz gancz jar, in maſſen wie hernach geſchriben
ſteet**[2]. Am Schluſſe des Buches: Gedruckt vnnd volennbet zu **Augſ=
purg** von **Anthoni Sorgen** . . . . Anno MCCCCLXXX.

---

[1] Das Fehlende iſt ungeſchickter Weiſe durch den Buchbinder abgeſchnitten!

[2] Die Abweichungen oder Erweiterungen von dem urſprünglichen Titel laſſen
wir hier und ſpäter geſperrt drucken.

7. Bei Panzer S. 116. Bei Hain Vol. II. p. 330: Hienach volgent die heyligen teutschen Ewangeli vnd Epistel mit sampt den vier passion. Auch all lection vnd propheceien durch das gantz jar, wie sy in einem yeglichen meßbuch geschriben steend, von der zeit vnd von den heyligen, nach ordnunge der heyligen Cristenheit. Auch vindet man in dysem Buch über all' suntägliche Ewangeli ein gloß das ist eine gutte nützliche ler vnd außlegung desselben ewangelis, bz einem yeglichen Cristgläubigen mennschen gar nützlich ist ze lesen. Am Ende: Das hat gedrucket vnnd volendet Hanns Schönsperger vnd Thoman Rüger in der keyserlichen stat Augß= purg . . . . Anno domini MCCCCLXXXI. In Folio.

8.* In der Freiburger Universitäts=Bibliothek ein Band in klein Folio mit Titelbild wie unter Nr. 6. Auf der Kehr= seite steht: Im namen des Herren Amen. Hie vahet sich an ein plenari nach ordnung 2c. wie unter Nr. 6. Am Ende: Gedruckt vnd volendet zu Urach von Cunrado Feyner . . Anno MCCCCLXXXI. Hat noch mehrere kleinere Bilder und ist sehr schön gedruckt.

9.* In der Freiburger Universitäts=Bibliothek. Ein Band in klein Folio mit Titelbild wie unter Nr. 6; auf der Kehr= seite: In dem namen des Herren Amen. Hie vahet sich an ein plenari nach ordnung 2c. wie unter Nr. 6. Am Ende: Gedrückt vnd volendet zu Strasburg von Martino schotten — Anno domini M.CCCC.LXXXIII. Hat auch mehrere Bilder und Initialen.

10. Bei Panzer S. 134. In dem namen des Herren Amen: Hie vahet sich an ain plenari nach ordnung der hailigen christlichen kirchen 2c. wie unter Nr. 6. Am Ende: Geendet säliglich von Cun= rado Dünkmut zu Ulm — Anno bni in dem LXXXIII. Jar. In Folio.

11. Bei Panzer S. 135. Plenari nach ordnung der heiligen christlichen kirchen 2c. Am Ende: Gedruckt vnd volendet in der keiser= lichen stat Augspurg von Anthonio Sorg — nach Cristi geburt M.CCCC vnd in dem LXXXIII. Jare. In Folio.

12. Bei Weislinger p. 412; bei Panzer S. 169: Ewan= gelij mit der gloß vnnd Epistl' teutsch, über das gantz jar allenthalben, darbey der anfang: der psalm: vnnd die collect ainer yeblichen meß nach ordnung der christlichen kirchen. Am Ende: Ewangelia vnd Epistel mit der gloß — — durch Thoman Außhelm von Baden gedruckt vnd volendet zu Straßburg — Nach Christi vnseres Herren geburt MCCCCLXXXVIII. In Folio.

13. Bei Weislinger p. 558 bei Panzer S. 188: Ewangely mit der gloß vnd Epistel teutsch, über das gantz jar 2c. Am Ende:

Gedruckt vnd vollendet zu Straßpurg von Martino Schotten — Anno dni MCCCCXCI. In Folio. Nach Weislinger ein Nachdruck der Ausgabe von 1488 sub Nr. 12.

14—15. Bei Hain Vol. II. p. 332. Zwei Ausgaben von Anthonio Sorg vnd Hans Schönberger in Augsburg.

16. Bei Panzer S. 244, bei Hain p. 333: Evangelia mit vßlegunge der Gloß. Epistel, Prophecey ꝛc. Am Ende: Getrückt vnd sdieglich geendet in der freyen statt Straßburg von meyster Hansen grüninger — Nach cristus geburt M.CCCCC. In Folio.

17. Bei Panzer S. 272: Hie nach volgent die ewangeli mitt der gloß vnd außlegung, auch die Episteln teutsch gedruckt, darbey der anfang, der psalm vnd ein collect eyner yeglichen meß von der zeyt vnd auch von den heyligen das gantz jar nichz außgelassen, gentzlich nach ordnung der chrislichen kirchen. Am Ende: Ewangelia vnd Epistel mit der gloß ꝛc. durch Wilhelmum schaffner. Getruckt vnd volendet zu Dutenstein — nach christi vnsers Herren geburt MDVI. jar. In Folio.

18. Bei Weislinger p. 415, bei Panzer 316: Ewangelia mit Vßlegung der Gloß vnd Epistel teutsch über das gantz jar allenthalben darbey der anfang: der Psalm ꝛc. wie sub Nr. 12. Am Ende: Gedruckt vnd volend zu Mentz durch Johannem Schöffer — tausend fünff hundert vnd zehen jar. In Folio.

19. Bei Panzer S. 335: Ewangelia mit der gloß vnd Episteln Tütsch über das gantz jar allenthalben darbey der anfang ꝛc. Am Ende: Getruckt zu Straßburg durch Mathis hupfuff, vnd volendet nach christi vnsers herren geburt tausend fünff hundert vnd zwölff Jar. In Folio.

20. Bei Panzer S. 351: Evangelia vnd Epistolen mit der gloß durch das gantze jar, mit propheceien vnd lectionen newe getruckt mit vil schönen figuren. Am Ende: Gedruckt vnd seliglichen geendet in der freien stat Straßburg von Johanns Grüninger. — Nach der menschwerdung Christi MDXIII jar. In Folio.

·21.* In der Freiburger Universitäts-Bibliothek, bei Panzer S. 361: Das Plenarium oder Ewangely buoch: Summer vnd Winter teyl, durch bz gantz jar in einen jeden Sontag, von der zeyt vnd von den Heiligen. Die ordnung der Meß, mit sampt irem Introit oder anfang. Gloria patri, kyrie eleyson, Gloria in excelsis, Collect oder gebet, Epistel, Grabel oder bußwürklich gesang, Alleluia oder Tract, Sequenz, oder Proß. Ewangely mit sampt einer vor nie bey vnß gehörter Gloß mit fruchtbaren schönen Exemplen beschlossen. Das Patrem oder Gloub. Offertorium, Secreta, Sanctus

Agnus bei, Commun, Compleno, vnd Jte missa est, oder Benedicanus domino ꝛc. Vnd off ein yeglichs sonteglichs Ewangely, eine schöne Gloß oder Postill mit seinen Exemplen gar ordentlich vnd fleislich geprebigt durch einen geistlichen ordensmann, ernstlich zu merken, vnd fruchtbarlich an zu nemen, umb mererß nutz willen der gloubhafftige menschen, welche in disem hinfließenden leben nüt nitzlichers mögen überlesen. Nach der geburt Christi MDXIIII. Ein Register anzeigende, wo yetlich stück werde gefunden, vnd an welchen blat. — Am Ende: Dem allmechtigen gott zu lobe vnd wyrbigkeit seiner hochgelobten muter Marie, vnd allen heiligen, zu besserung, nutz vnd seligkeit der menschen. Endet hie die Postill, das Buch der Introit ꝛc. Gedruckt durch den fürsichtigen Abam petri von Langendorff burger zu Basel. In dem jar — nach Christi unsers herren geburt Tausend Fünf hundert vierzehn jar. In Folio. Die Ausgabe ist noch geziert durch vier größere künstlerisch schön ausgeführte Holzschnitte darstellend: 1. Christus am Kreuze mit landschaftlichem Hintergrund, unten zwei Gruppen mit vier Frauen einerseits und vier Männern anderseits, darunter steht: In mittel unsers lebens zeyt im tod seind wir umbfangen, wen suchen wir der vnß hilff geyt, von dem wir hulb erlangen, dann dich herre alleine, der du umb vnser missetat rechtlichen zurnen thüst. Heiliger herre gott, Heiliger starker gott, Heiliger und barmherziger ewiger got, laß vnß nit gewalt thun des bitteren tods not; 2) zu dem weynacht Tag: Anbetung des Jesu Kindes durch Maria, Joseph und Hirten, wieder mit landschaftlichem Hintergrund; 3) zum Oster-Abent: der auferstehende Heiland; 4) zum Pfingsttag: Sendung des heiligen Geistes und das Sprachwunder darstellend. Außerdem schmücken diese Ausgabe unzählige kleinere eben so schöne Holzschnitte.

22. Bei Panzer 385: Teutsch Ewangeli Vnd Epistel: Mit sampt vil Hailßamer Leer, vnd Buderweisungen, Vom Latyn in besser teutsch Gebracht, Bud mit Lustigen Figuren vor Mals nie gesehen, New Getruckt, den Laien gantz verblenlich. Durch Thoman Anßhelm zu Hagenaw Getruckt. Am Ende: Getruckt vnd volendet In der Löblichen stat Hagenaw, durch die Erbarn Thoman Anßhelm vnd Johansen Alberti, Jm Funfzehn hundersten vnnd Sechzehen Jare. In Folio.

23. Bei Panzer S. 386: Das Plenarium oder Ewangely buoch: Summer vnd Winter teyl, durch das gantz jar ꝛc. wie sub Nr. 21, wie diese Ausgabe auch nur ein Nachdruck der Basler von 1514 ist. Am Ende ebenfalls übereinstimmend: Dem allmechtigen gott zu lobe ꝛc. Gedruckt durch den fürsichtigen Abam petri von Langendorff — zu Basel MDXVI. In Folio.

24. Bei Panzer S. 411: Das new Plenarium ober ewangely buch, so inhaltet alle Ewangelien vnd Epistelen des gantzen jars, sampt alles gesangs aller messen ꝛc. Von demselben Drucker von Nr. 23. Basel M.D.XVIII. In Folio.

25. Bei Weislinger p. 415: Teutsch Ewangeli vnd Epistel. Mit sampt vil heilsamer Leer Vnd Unterweisunge. Vom Latein in besser Teutsch gebracht. Mit lustigen Figuren vormals nie gesehen. New gedruckt. Den Leyen gantz nütz vnnd auch verbeinlich (vgl. oben unter Nr. 22). Durch Martinum Flach zu Straßburg gedruckt. M.D.XXII.

26.* In der Freiburger Universitäts-Bibliothek Nr. 37,673 a: Das new Plenarium ober Ewangely buch, so inhaltet alle Ewangelien vnd Epistelen des gantzen jars, sampt alles gesangs aller messen, von der heiligen kilchen angenommen, in ordenung besunders, wie am ersten blat verzeichnet, fast nutzbar vnd tröstlich einen yeden christen menschen zu wissen. — Hat auch etlich messen, vormals in teutschen nye getruckt. Item. Ein genügsam Register, wo vnd an welchem blat ein yegklich stück gefunden wirdt. Getruckt zu Basel. An. M.D.XXII. Am Ende: Dem allmechtigen gott zu lobe, zu eren vnd wyrdigkeit seiner hochgelobten muter ꝛc. wie unter Nr. 21.

Von Geiler von Keisersperg.

27. In der Freiburger Universitäts-Bibliothek Nr. 35,510: Das Evangeli buch. das buoch der Evangelien durch das gantz jar. Mitt Predig vnd vßlegungen durch den wirdigen hochgelerten Doctor Johannes geiler von Keispersperg der zeit Prebicant in dem hohen stifft der keiserlichen freien stat Straßburg, die er in seinen fier letzten Jaren geprebigt hat. Vnb dz vß seinem mund von wort zu wort geschriben. Anno MD vnb fier jar. Fast nutzlich vnd gůt, nit allein ben leyen. Vnb ist vor nie getruckt. Cum Privilegio. Am Ende: Dem almechtigen Got zu lob vnd eren ꝛc. Vnb getruckt in b' Keiserlichen freien stat Straßburg von Johannes grieninger in bem Jar als man zalt von b' geburt Christi MDXV.

28. In der Freiburger Universitäts-Bibliothek Nr. 35,510 b vnb bei Panzer S. 397: Evangelia mit vßlegung des hochgelerten Doctor Keisespergs: vnd vß bem Plenarium vnb sunst vil gutter Exempel Nutzlich, Summer vnb Wintertheil burch bz gantz jar. Introit, anfang ber Meß, Epistel vnb Collect ꝛc. vnd auch mer von ben Heiligen vnb bie zwölff Evangelia, bie ber Doctor auch geprebigt vnd vßgelegt hat, seint von seinem munb angeschriben. Getruckt mit gnab vnb Privilegio uß weißet wy nach stot. Am Ende: Dem

almechtigen Got zu lob — So endet hie bise Postil — in seinen fier lestten jaren geprediget. Vnd getruck in b' keiserlichen freien stat Straßburg von Johannes grieninger — in dem jar als man zalt von b' geburt Cristi M.DXVII. In Folio.

29. In der Freiburger Universitäts-Bibliothek Nr. 35,510 a: Evangelia. Das plenarium vßerlesen vnd davon gezogen in des hochgelerten Doctor keisersperges vßlegung der ewangelien vnd leren. Anfang der meß, Collect, secret, Epistel vnd Complen. Auch be sanctis von den heiligen: Summer vnd winterteil durch das gantz jar. vil guter exempel. Priester vnd leien nutzlich. Auch VII. ewangeli von Doctor K. mund geschriben hie in num getruckt mit gnab vnd privileg. vß weißt keiserlicher brieff. Am Ende: Dem almechtigen got zu lob vnd zu eren 2c. Getruckt in b' keiserlichen stat Straßburg von Johanni Grieninger. M.CCCCC vnd XXII.

30. In der Freiburger Universitäts-Bibliothek Nr. 35,511: Doctor Keisersbergs Postill: Vber die fyer Evangelia durchs jar, somit dem Quadragesimal, vnd ettlichen Heyligen nemlich vßgangen. Darauf das Portrait Keisersperges mit Birett. Unten: Mit keyserlicher gnaben freyheit off sechs jar (der gantze Foliobano besteht aus 4 Theilen). Das Quadragesimal ober Evangelia durch die Fasten. Das ander teyl bißer Postill; das britt teyl biser Postill von Osteren an biß off ben Abvent; das Fyerdt teyl bißer Postill Von den Heylingen. — Sindt auch von seinem mundt abgeschriben burch Heinrich Weßmer — Schluß fehlt — bafür neben dem Bibliotheketitel beigefügt Straßburg 1522.

31. In der Freiburger Universitäts-Bibliothek Nr. 35,491. Ein Foliobanb, bem ber Titel fehlt, enthält Keisersperges Prebigt vnb Vßlegung ber Sonn= unb Festtage Christi unb ber Heiligen. Angefügt ist: bas buch von ben Oneissen (beren Eigenschafft). Vnb gibt Vnberweisung von ben Vnholben ober Hexen, vnb von gespenst ber geist, vnb von bem Wütenben heer wunberbarlich, vnb nützlich ze wissen, was man barvon glauben vnb halten soll 2c. ferner: bas büchlin, Herr b' küng ich biente gern — in funffzehen schöner nutzlicher leer vnb prebigt; enblich: bas Buch Granatapfel, im latein genant Malogranatus, helt in jm gar vil vnb manig haylsam unb süßer vnberweysung vnb leer 2c. sämmtlich gebruckt in Straßburg bei Joh. Grienninger 1517.

In niedersächsischer Mundart.

32. Bei Panzer S. 169: Boek der Prophecien, Epistolen vnbe hyllygghen Ewangelii over bas gantze Jaer. Em Enbe: Hie onbigbet

sik hat bok ber Prophecien, Epistolen ꝛc. mit ber glozen vnde ber vth=
leginge ber lerer ber hilligen schrifft. Vnde ist gebrukket in der keiser=
lichen Stadt Lübek, borch ben both Steffani Arndes na ber borth
Jhesu Christi MCCCCLXXXVIII. In Folio.

33. Bei Panzer S. 193: Epistolen vnde Evangelien mnt ben
Glosen ꝛc. Am Ende: Hie hefft eyn Ende bat ebble Boek also be
Epistolen vnde Evangelien ock ꝛc. Nu vnde alle tyd in ewicheit Amen
Anno dui MCCCCXCII. Lübek. In Folio.

34. Bei Panzer S. 199: Boek ber Profecien, Epistolen, vnbe
bes hylgen Ewangelii, auer dat gantze yar mit velen glosen vnbe
exempelen borchghevlochten ꝛc. Lübeck 1423. In Folio.

35. Bei Panzer S. 223: Dat Boek ber Profecien, Epistelen
vnbe des hylgen Evangelii auer dat ganze Jar. Am Ende: vullen=
bracht na ber Vort vnsers Herrn MCCCCXDVII. Am Auende vnser
leven Vrouwen Kruthwiginghe (Krautweih 15. Aug.). In Folio.

36. Dat Boek ber Profecien, Epistelen vnbe hylgen Evangelie
aver bat ganze Jar. Gedruckt zu Lübeck bei Steffen Arndes
M.CCCCXCVI. In Folio. Panzer S. 272 bemerkt bazu: „Von
biesem niebersächsischen Plenario sind unter den drei Jahren: 1488, 1493
und 1497 drei Ausgaben angezeigt worden. Die gegenwärtige ist mit
schönen Holzschnitten geziert."

37. Bei Panzer S. 273 und bei Graesse l. c.: Dath boke
ber hilgen Ewangelien, Lectien, Profecien vnd Epistelen, van ber tyd
vnd allen hylgen over bat gancze yare mit schonen glosen vnd manyger
leye exempelen ghenomen vnb getoghen oth ber byblien bes olben vnb
nyen testamentes — yn bat lychte gebracht. Am Ende: vullenbracht
vnbe ghebrucket borch ben erhamen Hans Dorne tho Brunßwygk.
Im beme yare M.D.VI. In Folio.

38. Dat Boeck bes hylligen Ewangelii, Profecien, vnd Episteln
aver bat ganze yar mit ben glosen vnb exempelen. Magdeburg
1509. In Folio. Panzer S. 301 bemerkt bazu: Diese niebersäch=
sische Ausgabe wird aus bem Catalogo Biblioth. Hasaeanae in ben
Schriften ber Anhalt. deutschen Gesellschaft St. I. S. 88 angezeigt.

B. **Ursprüngliche Beschaffenheit und allmälige Erweiterung, Vervoll=
kommnung der deutschen Plenarien inhaltlich und typographisch.**

Im Besitz sechs verschiedener Ausgaben dieser Plenarien, und
zwar aus der ersten, mittlern und letzten Zeit ihrer Publication bürfen
wir hoffen, die vorstehende weitere Aufgabe aus eigener Anschauung
und nach wiederholter Vergleichung befriedigend lösen zu können.

Der Inhalt unserer Lehr- und Erbauungsbücher ist in ben vier ältern von 1473 (ohne Druck), von 1480 zu Augsburg, 1481 zu Urach, und von 1483 zu Straßburg nach der kurzen Vorrede der Hauptsache nach ganz übereinstimmend angegeben. Wir führen ihn den Lesern, wie selbstverständlich, nach dem Wortlaute der ältesten Ausgabe von 1473 vor, und werden die etwaigen kleinen, unwesentlichen Abweichungen der folgenden in Parenthesen beifügen.

In dem namen des Herren amen. Hie vahet sich an ein plenari nach der ordnung der heyligen cristlichen kirchen, in dem man findet epistel vnd ewangeli, als die gesungen vnd gelesen werdent in dem ampt der heyligen messz (burch bz gancz jar Augsb. 1480) in massen (wie) hernach volgent (geschriben steet).

Am (zu dem) ersten von ober nach der zeyt was epistel vnd ewangeli gesungen vnd gelesen werden am sontag, mitwoch vnd freytag durch das gancz jar[1]. (Der dreyer tag yeglicher hat ein besunder Epistel vnd Ewangeli durch bz gancz jar.)

Aber an Montag, afftermontag (Dienstag) vnd Donrstag, singet man nach der zeyt die epistel vnd ewangeli an dem sontag darvor, darumb habend sy nit besunder epistel vnd ewangeli darnach.

Auch findet man in disem buch auff ein yeblich ewangeli an den sontag ein besunder prebig (Postill, das ist ein besunder prebigaußlegung vnd gloß in 1480, 1481 und 1483) mit seiner (iren) lateinischen geschrifft (lateinischen sprichen der lerer) vnd auctoritet nach warer stat, als wo die geschriben stat in der Bibel, vnd in wellichein capitel gancz grundlich ersuchet vnd warlich (nach rechtem anzeygen der capitel in 1480, 81 und 83).

Auch so hat eyn yeblich epistel vnd ewangeli sein vorlouffent latein, wo vnd wie ein yeglich epistel, ewangeli, prophezey vnd lection anfahet, in welchem buch vnd an welchem capitel in dem alten oder neuwen gesacz der bibel (geschriben stet). Auch hat man in disem buch in der vasten all tag ein epistel vnd ewangeli in sunderheit (ein sunder epistel vnd ewangeli in den 3 andern Ausgaben) oder ein letzon (lection) an einer epistel stat. Auch die vier passion der vier ewangelisten sanctorum Mathei, Marci, Lucae vnd Johannis[2].

---

[1] Die letzten Worte stehen in den 3 folgenden Ausgaben oben nicht hier, wie wir im Texte angedeutet.

[2] Die nun folgenden langen Absätze haben die Ausgaben von 1480, 1481 und 1483 offenbar viel passender also zusammengezogen: Mit sampt den vier passionen vnd all besunder prophecey vnd lection; die man hat zu ostern, zu pfingsten vnd zu den quatempern. Darnach von allen heyligen vnd das Comun, vnd von allen messen, wie man die hat in einem meßbuch eines yeglichen bistumbs. Das alles mit fleiß nach dem latein ordentlich geteutscht ist. Amen.

Wer an dem grönen Donrſtag die götlich prebig vnd lere, die vnſer herr jheſus criſtus ſeinen jungern hat geton. Sunder ouch mit den letzen vnd wichſagung von criſto dem herren durch die weyſen pro= pheten, auch in dem alten geſacz geſchriben gethon an dem karfreytag mit ſamet dem oſterabent, an dem beſunder zwelff gut lection auß dem geſacz vnd weihſagung. Und all quatember all lection vnd prophecien die licht geſchriben ſeyen.

Darnach vnd am letſchten von den heyligen vnd allen hochtzeyt= lichen tagen von yeblichem ſeyn epiſtel vnd ewangeli an ſeinen tag be= ſunder geſchriben davon oder verzeichnet mit ſeiner zal wo man das in dem buch finde hinden oder vorn.

Vnd am aller letſchten ettlich beſunder meſſe: von der weyßheyt gottes an dem Montag, am Aftermontag von dem heyligen geyſt. Mit= woch von allen englen, Donrſtag von der lyebe gottes, Freytag von dem heyligen creucz, Sampſtag von unſer liebe frouwen.

Darnach vil meſſz vmb frid für die ſünder, für die almůſer, um untöblicheyt, um regen, um ſchöne, vnd ander mer, vnd in dem beſchluß (zum Schluß) für all geloubig ſelen.

Das alles nach einem gancszen meſſzbuch gemachet iſt vnd getewt= ſchet mit fleyß. Amen.

Nun volget hienach der anfang. An dem erſten ſontag im advent die epiſtel, die ſich anhebt in dem latein: Fratres, scientes quia hora est jam de sompno surgere ad Romanos XIII. capitulo x. Brüder wiſſend daß jeczund ꝛc.

Der Zweck dieſer Poſtillen: Vorbereitung zum beſſern Verſtändniß und zu würdiger, fruchtreicher Anwohnung der lateiniſchen Meſſe, der Haupthandlung des kirchlichen Gottesdienſtes, wie Förderung der Privat= andacht hat den Verfaſſern jener Bücher ohne Zweifel von Anfang an vorgeſchwebt, vollſtändig und deutlich ausgeſprochen wurde er jedoch erſt ſpäter. Nachweisbar zuerſt in dem Basler Plenarium von 1514, deſſen unter Nr. 21 angeführter viel ausführlicherer Titel ſchon anpries die Frucht und den Nutzen für „glaubhaftige menſchen, welche in dieſem hinflieſſenden leben nit nützlichers mögen überleſen." Noch beſtimmter verbreitet ſich darüber die ſchöne, inhaltsreiche Vorrede beſſelben, welche wir glauben hier mittheilen zu ſollen.

Selig ſind alle die das wort gottes hören vnd das behalten.

Als der mund der wahrheit Chriſtus Jeſus vnſer ſeligmacher ſpricht durch ſeinen ewangeliſten Lucam an dem XI. capitel. Jeſus Chriſtus iſt das wort des ewigen vatters, das wort iſt fleyſch (verſtand menſch) worden geboren in biſe welt, von der vnbefleckten heiligen vnd einen junckfrawen Maria, uns alſo ſelig zu machen. Auß diſem wort als aus chrifto des funs gottes, ift gefloffen bie heilig geschrifft, wann sie ift der wunnigklich fluß des wollusti= gen parabiß des hohen hymels, der bo durchfruchtet vnd fruchtbar machet in bifem trehental das wyrbig parabiß der heiligen kirchen der chriftgloubigen menschen. Vnd hierumb das der mensch beffer baß möge erkennen feinen herren, fo hat er zu hilff die heilig geschrift, bie dann ift ein vorftym aller kunst vnd wyffenheit, vnd alle künft selend ir knecht vnd bienerin, vns lerend vnd vnterweyfend durch die kunftreychen Werk gottes, ben schöpffer aller creaturen erkennen, wann chriftus der sun gottes ift die weyßheit des ewigen vatters, dann in im vnd durch in seind alle creaturen gemacht vnd geschaffen also wunderbar behend vnd verborgen, das keines men= schen weyßheit vollkümmlich die creaturen bekommen mag in irem ver= borgenen wesen, also lert uns bie heilig schrifft.

Gott bekennen, bie fünd meyden, das gut thun, vnd in der liebe gottes vnd vnfers nechften menfchen vns fleyf= figlich beweyfen vnd erzeigen, darumb ift fy ein geyftlich appoteck aller wolfchmeckenden köftlichen würtz vnd fpe= cery. Wie wol das vil propheten vnd ander lieben heiligen geschriben haben die heilig geschrifft vnd göttlich warheit, ein yeder nach dem vnd im der heilig geift ein geben hat, fo ift doch die krafft vnd war= heit des heiligen ewangely über alle heilige geschrifft, als fanctus Auguftinus bezeugt in dem anfang der Concordia ewangeliftarum. Vnd die heilig geschrifft ift fo fruchtbar, feift vnd unergründlich, das wir nymer me erfinden mögen ben grund zu dem end in bifem hinfliessenden sterblichen leben, so lang biß wir kumen zu bem, auß welchen alle heilig geschrifft gefloffen ift, — — — vnd wir bann lefen in der groffen Bibel, in dem buch des lebens. — —

Vnd barumb das vil menfchen feind bie bas latein nit verstanden grüntlich, vnd doch lesen können teutsch, fo ift bas gegenwertig buch der ewangeli mit irem zugehör zu teutsch gefetzt vnd verordnet, Gott ben herren zu lob vnd zu eren welche doch ire felen also mögen speyfen geiftlich auß biffem buch. Dan nit allein lebt der menfch von dem leyblichen ober materilichen brot, funder auch von bem geyftlichen brot, das ba ift bas wort gottes, fpricht Chriftus burch ben ewangeliften Mattheum an bem vierten capitel.

Es würt auch vilen menfchen lang die zeyt also müffig zu gan, bie felbigen feind etwas schulbig zu betten, zu lefen, benn warumb, fy verlieren fuß ir zeyt, bann gat ein scharpffe rechnung müffen wir geben

gott von aller unſer zeyt, bann die gegenwertig zeyt, die wirt genannt
die zeyt der gnaden, iſt faſt koſtbarlich' den frummen ſeligen menſchen.
Darumb iſt zu raten einen yeden beſinten menſchen, das er allwegen
gern wölle leſen die heilig geſchrifft — domit er gott ſeinen ſchöpffer
vnd herren lere erkennen, dann der gnab die der menſch am leſen oder
hören der heiligen geſchrifft von gott erholen mag, der iſt kein zal, ſo
fern, das er auch dar nach thu. Dann es ſpricht der heilig apoſtel
Jacobus in dem vierten capitel. Welcher do weiß das gut vnd thut
es nit, des wiſſen iſt eine groſſe ſünd.

Neunerley gnab

empfacht der getruw leſer oder zuhörer der heiligen geſchrifft. Zu dem
erſten, er beſſert domit ſein ſelbſt ſeel, ſo er etwas, das er geleſen
behalt, vnd darvon bringt. Zum andern, ſein gemüt wiirt abkert
von diſer zergencklichen welt. Zu be' tritten, ſeine gedenck werden
erlebigt von der eytelkeit der welt. Zu den vierden truckt er vnder
ſein fleyſch vnd macht es gehorſam dem geyſt. Zu dem fünfften, er
wiirt vnderricht zu lernen vil tugent; zu dem ſechſten, die weyl vnd
er lyſet thut er kein böß noch vntugent, darumb mag er die ſelbig
zeyt vor gott wol verantworten. Zu dem ſybenden, er wiirt weyß
innerlich vnd kann alſo pflegen ratß auß den geſchrifften. Zu dem
achten, weycht von im alle anfechtung mit ſampt den böſen zufellen.
Zu dem neunden wiirt der vnwiſſend weyß auß der heiligen geſchrifft
vnd der weyß noch weyßer.

Hierumb iſt zu wiſſen, das kein ſorg noch trübnyß ſo groß nit
iſt, leſeſt du die heilig geſchrifft, das wort gottes, daßſelbig trewlich zu
herzen nymſt, du wirſt glaublich getröſtet durch die gnab des heiligen
geyſtes, doch alſo was du gott den herren vertrouweſt, dann der klein
oder ſchwach glaub iſt on alle hilff vnd gnab, aber der ſtarck feſt glaub
ſint allwegen hilff vnd troſt mit ſampt vilen gnaben. Darumb ſprach
Chriſtus vnſer lieber herre zu ſant Peter, da er meint off dem waſſer
ſein in geverlichkeit des tods. O du kleines glaubens, warum zweyfelſt
du an meiner krafft vnd an meinem gewalt.

Es ſeint funferley geſchlecht der menſchen die gern leſen vnd weyßheit leren.

Die erſten leſen allein das ſy wöllen wiſſen vnd nit thůn, ſunder
das ſy anderleut ſtraffen mögen, das wiirt genent ein hochfart eytel-
keyt. Die andern leſen darumb, das man inen nachſag, das ſy faſt
weyß vnd hochgelert ſeind. Die tritten ſtubieren vnd leſen groß
gut domit zu erlangen, das doch nichts nit iſt dann ein ſchnöder ge-

wyn. Die vier den ſtubieren, leſen vnd hören leſen, vff das ſy vilen menſchen ler vnd vnderweyſung geben vmb gottes willen, vnd ſy ſich ſelbs mögen beſſern mit allen krefften, vnd das wiirt vnd iſt eine rechte liebe. Die fünfften vnd letſten keren an allen yren flyß zu leren vnd zu beſſern, vnd das iſt ein tugentſame kluge fürſichtigkeit. Von den zweyen letſten geſchlechten vnder dieſen fünffen iſt all ir leſen verdynſtlich, ſo fern das ſy nit in hochfart uffgeblaſen werden, mit gleißnery vnd eytler eer. Welche alſo mit diſen letſten zweyen betten vnd leſen, die reden mit gott, als der heilig Jheronymus ſpricht.

Es iſt zu wyſſen, das do nit me dann ein ewangelium iſt, das iſt ein gut bottſchafft oder verkündung von chriſto vnſeren herren, als von ſeiner menſchwerdung, von ſeiner ler, von ſeiner gnab vnd wunderwerck, von ſeinem tob für vns, von ſeiner uverſtand vnd von ſeiner hymelfart. Und auß der gantzen hiſtory des heiligen ewangelii, do werden die ewangelia mit ſtücken vnd mitteylen durch das gantz jar außgezogen, nit deſter wynder was die vier ewangeliſten geſchriben haben, iſt als nit me dann ein ewangely. Die zwen als Mattheus vnd Johannes, als ſy ſelbs geſehen vnd gehört haben; die anber zwen als Marcus vnd Lucas, als ſy durch den heiligen geyſt vnterwiſen ſeind. Auch von der junckframen Maria der muter Criſti vnd den andern apoſteln gehört, geſehen vnd gelernt haben.

Item off diß heilig ewangelium Jeſu Criſti haben gar fleyßlich geſchriben vil doctores, vnd mit ſunderheit die vier heiligen lerer der heiligen Römiſchen vnd chriſtlichen kyrchen, als mit namen Gregorius, Jheronymus, Ambroſius vnd Auguſtinus, vnd do durch vnderweyſend vnd lernend vnß zu fleyſſen in einem guten tugendſamen leben, domit den fußtapfen Jeſu chriſti vnd der ler des heiligen ewangelii noch zu volgen.

Auch iſt zu wiſſen, das ſant Paulus beſchriben hat XIIII. epiſtel, das ſeint vier ſendtbrieff, die zehen hat er geſchriben gemeinlich zu der criſtlichen kyrchen, vnd die andern zu vier perſonen, die ſeinen junger vnd groß freund warend, als ſanct Jhironymus ſpricht. Mit den zehen Epiſtelen concorbiert er mit den zehen gebotten gottes, aber mit den anderen vieren vergleycht er ſich den vier ewangeliſten. Darumb ſpricht der heilig Gregorius, zehen und vier, das ſeiend zehen gebott vnd vier ewangeliſten, die machen vnß ſelig.

Da hier als weiterer Zweck dieſer Bücher bezeichnet wird das fleißige, freudige Leſen der heil. Schrift, beſonders „der Evangelien, deren Kraft und Wahrheit über alle Bücher derſelben geht", die zahlreichen Meßformulare des ganzen Kirchenjahres auch deren Hauptinhalt mittheilen, so gibt der Verfasser dieser Ausgabe in der Einleitung noch eine **Beschreibung der vier Evangelisten** in der Deutung der ihnen constant beigelegten Symbole, während frühere Ausgaben nur diese Symbole an den Ecken des Titelblattes in Bildern enthielten (s. oben unter Nr. 6 u. 9). Bei allen vieren ist deren Bild mit den Attributen in schönen kleinen Holzschnitten vorangestellt; am Schluß jeder Beschreibung wird ein **individuelles Gebet** zu dem betreffenden Evangelisten beigefügt. Wir theilen auch dieses als Beitrag für die fortschreitende Entwickelung unserer Lehr= und Erbauungs= bücher mit.

Die vier ewangelisten haben oder werden uns angezeygt in gestalt der vier thyeren, in welcher der heilig profet Ezechiel sy gesehen hat, als er beweyst in seiner prophezy an dem ersten capitel. Also auch der heilig zwölff bott sant Johannes sy hat gesehen in solcher gestalt der thyer, als er bezeugt in dem buch der heimlichen offenbarung an dem vierten capitel.

Mattheus hat die Form vnd **gestalt eines menschen**, vnd das gantz bequem (begreif) lich, dann er aller meist schreybt von der mensch= werdung Jhesu christi, vnd zeigt an, wie er von dem patriarchen Abra= ham vnd küniglichem stamen Davids geboren sey, vnd hat sein ewan= gelii in dem ersten capitel also angefangen. Das buch der geburt Jesu christi des suns David rc. Das selbig Ewangelium hat er be= schriben in dem jüdischen Land mit hebraischer zungen, das darnach der heilig Jheronymus transferiert hat vnd gezogen in das latin, nit allein das ewangely sunder auch die gantz bibel.

Ein Gebett von sant Mattheo.

Gegrüsset seist du heiliger zwelffbot vnd ewangelist sant Mattheus. Den herren jesum der dich so gnediglichen von eim süntlichen stat zu einem jünger beruffet vnd erwelet hat, hast du aus besunder anbacht leyblichen gespeyset, dein ernst sorg vnd fleyß ist alsdann, wie billich, groß gewesen. Dein spruch am glauben leret unß zu glauben die heilige christenliche kyrch vnd gemeinschafft der heiligen. Ich bit dich bemütiglichen, erwyrb durch dein heiligkeyt meinem herzen ein gut be= reytung, den herren mit seiner gnad auch freuntlichen vnd anbechtig= lichen zu empfahen, vnd disen artikel, das der glaub der waren christen sey gerecht vnd auch bestetiget vnz in mein end, vnd das ich mich schicke zu sein ein gesund gelib der gläubigen, vff das ich alles guten, so durch die ganzen christenheit geschicht, auch teilhafftig werde! Amen.

Marcus der andere ewangelist hat vnd wiirb vns angezeygt in form vnd gestalt eines lőwen. Die weyl nu der lőw auß seiner natur seine jungen tod oder schlaffend gebyrt, vnd mit seinem grausamen geschrey sy wider an dem tritten tag erweckt: also schreybt der heilig Marcus aller meist von der erstend (Auferstehung) christi Jesu vnsers herren. Auch von dem laut ruffen vnd predigen des herren. Vnd hebt das ewangely seines ersten capitels also an: Ein anfang des ewangelij Jesu Christi des suns gottes, als geschriben ist in dem propheten Esaia, vnd hatt er sein ewangelium geschriben in Italia in grekischer sprach.

Ein gebett von sant Marc.

Heiliger fürnemer ewangelist vnd hymelischer kantzler sant Marc, dir hat gott d' herr besunder große gnad mitgeteilt, das heilig ewangelium nit allein zu predigen, sunder auch zu schreiben, vnd durch sein hilff ein so tugentreyches, heiliges leben verlyhen, vnzalbarlich volk zu dem waren christlichen glauben ist kummen, der vnd aller gnaden dir von gott mitgeteylt, erman ich dich, das du wollest gott getreuwlichen bitten, das er mir helff, waren glauben in dem hertzen zu behalten, mit dem mund veriehen vnd mit tugentsammen werken zieren, damit ich nach disem leben erlange die kron der ewigen seligkeit. Durch vnsern herren ꝛc.

Lucas der tritt ewangelist hat an im vnd wiird vns fürgehalten in gestalt eines ochsen, dann er schreybt allermeist von dem opffer Jesu Christi, das er sich für vns so williglich geopffert hatt in den tod. Gleycher weyß als man in den alten gesatz ochsen vnd kelber in gewonheyt zu opffern. Er hebt sein ewangelij in dem ersten capitel also an. In den tagen des kúnigs Herodis, was ein priester mit namen Zacharias ꝛc. Sein ewangelij hat er beschriben in dem land Achaia, auch in grekischer sprach, welches sein ewangelium er geschickt hat dem bischoff Theophilo.

Ein gebett von sant Lucas.

Gegrüesset seist du heiliger ewangelist sant Lucas. Du ein reine junckfraw bliben, vnd nit allein gewesen ein leyb, sunder auch ein sele artzt, als dein heilig ewangelium mannigfaltiglichen zeiget. In welchen vnd vil anderen krefftigen artzneyen lerest du wider das ewig were gar eine gewisse kunst, namlich sich allezeit zu den tod zu bereyten, ich bit dich bemütiglichen, erwirb mir durch dein heiligkeit die hohe tugent der keuscheit vnd reinigkeit auch lieb zu haben, vnd alle zeyt meinen letzten tag zu betrachten, uff das ich durch teglich pfleg diser heylsamen artzney erlang die alwegen werende gesuntheit des leybs vnd der selen. Amen.

Johannes der vierd ewangelist hatt die form vnd gestalt eines fliegendes ablers, bann gar hoch fliegend hat er geschrieben von der gottheit der heiligen tryvaltigkeyt. Er hebt sein ewangelij in dem ersten capitel also an. In dem anfang was das wort, vnd das wort was bey gott, vnd gott was bz wort ꝛc. Sein ewangelium hat er beschriben in dem land Asia, auch in grekischer zungen.

Ein gebett von sant Johannes.

O Heiliger vnd wyrdiger sant Johans, ein naher gesipter freund vnsers herren, du schöner jüngling vnd reine junckfraw, bey dem abler bist du bedeutet. Ich bitt dich, erwirb mir gnad vnd barmhertzigkeyt omb vnseren herren Jhesum, vnd das die hymel künigin mich auch begnabe zu einem sun uff zu nemen, das ich in irem dienst biß in mein end fleyssig vnd vnverdrossen funden werde. Amen.

Und damit der Lesung der heil. Schrift die kräftigste Unterstützung und Erleuchtung nicht fehle, schließt die Vorrede der Basler Ausgaben (seit 1415) mit dem schönen Holzschnittbilde der Sendung des heiligen Geistes, darunter folgende Anrufung desselben steht:

Kum heiliger geyst herre gott; erfüll vns mit beinen gnaden gut, beiner glaubigen hertz, munt vnd synn, inbrünstige lieb entzünd in inn, der du durch beines liechtes glast, in einen glauben gesamlet hast, das volck auß aller welt vnd zungen, das bir lieber herr zu lob vnd eer gesungen. Alleluja, Alleluja.

Speciellere Beschreibung der Einrichtung und Entwickelung der deutschen Plenarien.

Gemäß der Vorrede in der Ausgabe von 1473 (s. oben S. 12) bieten diese Plenarien zunächst den vollständigen verdeutschten Text der damaligen Missale, Meßbücher (das alles nach einem ganczen messzbuch gemachet ist vnd getewtschet mit fleyß), und beginnen daher mit dem Advent. Zur Controle und Vergleichung entnahmen wir aus der Freiburger Universitätsbibliothek zwei Prachtdruckwerke in größtem Folio: das Missale Constantiense. Ex Basilea MCCCCLXXXV. und das Missale dioecesis Argentinensis denuo excusum castigatius, Hagnoe MDXX. Das letztere ist noch mit schönen Holzschnitten geziert: Auf dem Titel Christus am Kreuze, das unten zahlreiche Figuren aus allen Ständen umstehen, darüber und an den Seiten bildliche Darstellungen der sieben Sacramente, deren Gnaden ja aus dem Erlösungswerke Christi (ex opere operato) fließen. Ein noch ansprechenderer künstlerisch wunderbar schön ausgeführter Holzschnitt steht vor dem Canon, Christus am Kreuze, daneben Maria und Johannes. Am

Schluſſe des Ganzen zwei Engel in ſehr origineller Darſtellung. Endlich ſchmücken den ſchönen Druck noch 8 größere und ſehr viele kleinere Initialbilder[1].

Auf eine Eigenthümlichkeit der damaligen Miſſale gegen die ſpätern nach Verordnung des Tridentinums revidirten wurden wir ſchon oben (S. 12) aufmerkſam gemacht, wornach in der Rubrik de tempore (in der Adventzeit, von Oſtern bis Pfingſten, und von Pfingſten bis Advent) überall neben den Meſſen vom Sonntag, für den Mittwoch und Freitag noch beſondere Epiſteln und Evangelien vorgeſchrieben ſind. Eine andere Eigenthümlichkeit beſteht weiter darin, daß in der Zeit von Pfingſten bis Advent damals die Sonntage post festum Trinitatis, nicht wie nachmals post Pentecosten bezeichnet wurden. Darum iſt für den Fall, daß Oſtern früh fällt, nach dem XXIV. Sonntag nach Trinitatis nur noch für einen weitern (XXV.) vorgeſehen mit der in den vier erſten Ausgaben (1473—1483) ſtehenden Formel: „Ob man noch einen ſontag muſz han." Dagegen iſt in den ſpätern Basler Ausgaben gerade wie in den oben beſchriebenen beiden lateiniſchen Miſſalen einfach der XXV. Sonntag, ohne weitere Bemerkung, angefügt.

Bezüglich des letzten Theils mit dem Commune sanctorum „von den heyligen vnd allen hochtzeytlichen tagen" ſo beginnt die erſte mir vorliegende Ausgabe von 1473 ohne weiteres mit der Epiſtel und dem Evangelium an der Vigil der Apoſtel und am zwölf Botentag, fortſchreitend mit denen der Märtyrer, der Beichtiger (confessores), der Jungfrauen, worauf dann die Meſſen für die einzelnen Heiligen nach der Reihe des Kirchenkalenders folgen: mit dem Apoſtel Andreas (30. Nov.), St. Nicolaus (6. Dec.), St. Barbara beginnend und mit Allerheiligen und Allerſeelentag (1. und 2. Nov.), St. Cäcilien, St. Clemens, St. Catharina und St. Cunrad ſchließend. Bemerkenswerth iſt noch, daß während die vier ältern Ausgaben hier nur die Epiſteln und Evangelien geben, die ſpätern Basler Ausgaben meiſt das ganze Meßformular bieten.

---

[1] Den größten Schatz in dieſer Sphäre beſitzt die Freiburger Univerſitäts-Bibliothek in einem Codex manuscr. saeculi X. von 210 Pergamentblättern in klein Folio mit dem Sacramentarium Gregorianum. Voraus geht auf 12 Blättern und violettem Grunde mit ſchönen Randarabesken ein Calendarium. Darauf folgt auf gleichem Grunde das allgemeine Meßformular mit drei höchſt intereſſanten Bildern: von P. Gregor d. Gr.; eines Engels das Sanctus zur Präfation emporhaltend; eines Krucifixes in byzantiniſcher Form vor dem Canon. Vor etwa 10 Jahren hätte den Codex ein Mäcen der kirchl. Archäologie in Frankreich gern für 4—5000 Frs. erworben. Doch ſolche Schätze gehören den wiſſenſchaftlichen Anſtalten und ſind unbezahlbar.

Jetzt folgen wie die Vorrede (s. oben S. 13) angedeutet, noch „ettlich besunder messen" an den einzelnen Wochentagen: Montag von der Weisheit Gottes, Dienstag vom heil. Geist, Mittwoch von den heil. Engeln, Donnerstag von der Liebe Gottes, Freitag vom heil. Kreuz, Samstag von der Mutter Gottes. Die Votivmessen um Frieden für die Sünder, die Almosenspender, zur Abwehr von Sünd und Pein, für Regen oder schön Wetter und für die armen Seelen. Dagegen haben schon die nächstfolgenden Ausgaben von 1480, 1481 und 1483 diesen Schlußtheil in sinniger Weise mit den deutschen Meßformularien vom Sacrament des Altars und von der Kirchweihe eingeleitet.

Unsere Plenarien enthalten übrigens stellenweise mehr als die lateinischen Missale. Darauf deutete schon die Vorrede der Ausgabe von 1473 bezüglich des grünen Donnerstag: „auch die götlich predig vnd lere die vnser herr jhesus cristus seinen jungern hat geton." Es wird dort nämlich nicht bloß die Epistel und das Evangelium dieses heiligen Tages verdeutscht, sondern auch die ergreifenden, tröstlichen Reden, welche Jesus zu seinen Jüngern gesprochen bei Joh. 13, 16 ff. vollständig bis Capitel 17 inclusive. In den folgenden Ausgaben von 1480, 1481 und 1483 wird dieser Zusatz also eingeleitet: „biß wirb genennet Sermo preclarus, das ist die durchleuchtig lere vnd predig vnsers herren."

Am Charfreitag werden die zwei ersten Lectionen des Missale verdeutscht und dann, wie am Palmsonntag, Dienstag und Mittwoch die Passionen nach Matthäus, Marcus und Lukas, hier die nach Johannes vollständig mitgetheilt.

Am folgenden Tage heißt es in den uns vorliegenden vier ältern Ausgaben: „Hie hebent an die XII prophecien an dem Oster abend, die erst in Genesi," worauf sie vollständig angeführt werden, sammt der Epistel und dem Evangelium aus der Messe sabbato sancto.

In den Ausgaben von 1480, 1481 und 1483 leiten die Worte: „Hie nach folget der löblich Ostertag" das hehre Fest ein.

Mit den Basler Plenarien begann eine noch größere Erweiterung erbaulichen Materials für die heil. Charwoche, namentlich für den Charfreitag. Nachdem in diesen am Palmsonntag nur wie sonst das Evangelium mit einer Glosse und einem Exempel von der großen krafft der betrachtung des Leidens Christi ohne die Passion nach Matthäus versehen ist, bieten sie am Charfreitag „das bitter leyden christi Jesu vnsers herren aus den vier ewangelisten zusamen gesatzt mit kurtzer gloß begriffen. Und davor steht: „Das bitter leyden ꝛc. sol ein yeglicher mensch gern lesen vnd betrachten, vnd solt kein christen mensch sein, er solt zu den mynsten das in der wochen ein mol betrachten ober lesen, wann wir armen sünder barmit erlöst sein von dem ewigen todt." Und diese Leidensgeschichte wird dann passend „in syben Capitel geteylt," von denen einige mit einer Gloß begleitet sind. Am Schluße noch das Gebet: Bist gegrüsset allergütigster herr Jesu christe, du bist vol gnaden, barmherzigkeit ist mit dir: Gebenedeyet sey dein heiliges leben, dein heilige wunden, dein peyn und marter, vnd dein heiliger todt vnd das gebenedeyet blut deiner heiligen wunden. Amen.

Mehr noch als auf das Verständniß des Gottesdienstes legten unsere Plenarien Gewicht auf Belehrung und Erbauung, und darum ist die Gloß, die Postill, „das ist eine besunder Predigaußlegung" der Epistel oder des Evangeliums der wesentlichste Theil derselben. Es wird daher die Aufgabe dieser Blätter in der Vorführung des Hauptinhaltes und der sorgfältigen Auswahl der bessern Partien im dritten Theile sub C. bestehen. Hier wollen wir nur noch den erfreulichen Fortschritt in der Bereicherung und Vervollkommnung der Plenarien gerade in diesem Punkte nachweisen.

Wie schon in andern Stücken nachgewiesen ist, zeigt sich auch hier, daß die vier ältern Ausgaben von 1473, 1480, 1481 und 1483 im Wesentlichen ganz die gleichen Glossen haben, und daß erst mit den Basler Ausgaben seit 1514 ein nicht unbedeutender Fortschritt zu Tage tritt. Wir vermuthen wohl nicht ohne Grund, daß sich bei diesen Publicationen der Einfluß der mystischen Gottesfreunde, die ja von der Schweiz am Rhein herab bis nach Holland verbreitet waren, geltend gemacht hat. Während nämlich in den frühern Plenarien die übereinstimmenden Glossen noch kurz und einfach sind, finden wir meistens ganz andere, umfangreichere, oft sogar mehrere nach einander und fast überall noch Exempel, Beispiele angeführt, wodurch der Inhalt der Glossen noch anschaulicher oder eindringlicher und nachhaltiger gemacht werden soll, wie auch die erfahrenen und bewährten Homileten und Kanzelredner aller Zeiten sich dieses Mittels stets mit Erfolg bedient haben.

Außerdem bieten die Basler Ausgaben auch liturgische Ergänzungen und Erklärungen: zuvörderst die vollständigen Meßformulare mit den zahlreichen Sequenzen der damaligen lateinischen Missale, während die frühern nur die Episteln und Evangelien haben. Schon in der Gloß zum Evangelium des I. Adventsonntags heißt es: „Wir sollen merken zu den ersten, das biß ewangelium (von dem feierlichen Einzug Christi in Jerusalem Matth. 21, 1—9) wird gelesen zu zweien zeiten in dem jar. Zu der ersten än dem Palmtag, zu dem andern mal an den ersten Sontag in dem

Advent, vnd ist vns ein gantz süsse geistliche bedeutung," die dann im weitern angegeben wird.

An Ostern wird gelehrt: „Heut vf disen hochzeytlichen tag singet man in der christlichen kirchen das frölich gesang alleluja, vnd aller meyst in disen feyertagen umb vil ursach willen. Zu den ersten darumb, wann das gesang alleluja beteutet fröhlichkeit, darumb zimpt sich wol vnd ist billich, das die andechtigen menschen, die in diser heiligen zeyt mit christo vnserm herren haben mitleyden gehabt in seinen allerbitteresten leyden, das sie im in diser zeyt seiner erlichen vnd frölichen erstand sollen sich freuwen in gott des sighafftigen streyts, das er überwunden hat den todt, vnd durch selben seinen todt vnß erlößt hat. Zu den anderen mol, wann diser gesang gehört worden von den heiligen engelen in dem hymel, als vnß fürhelt die heilig geschrifft Apocalipsis in dem XIX. capitel. Zu dem tritten hat das wörtlin alleluja mengerley beteutnyß, das die heiligen lerer in eilweg außlegen. — — Das wort hat vier sylben, dz ist vier stymm. Das erst al, das ist altissimus, das ist der aller höchst vnd allmechtigst; das andere le, levatus in cruce, das ist uff erhaben an dem creutz; das tritt lu, lugentibus apostolis, das ist darumb haben die apostel geschryen vnd geweint, vnd aller ding vnd leydig gewesen; das vierd ja, jam surrexit, das ist, er ist jetz ufferstanden von dem todt, darumb sollen wir vns frewen auß allen vnsern krefften vnd singen alleluja."

An Pfingsten vnd zu den Worten: Emitte spiritum tuum, die David in Psalm 103 beschreibt; Herr send auß deinen geyst, vnd so werden alle ding wider beschaffen. Merk zweyerley stück in denen worten. Zu den ersten, was vns zympt zu thun, das vnß gesendt werd der heilig geist. Wir müssen sein eines reinen hertzen, also das wir von vnß legen all vnsere sünd, vnd vnß von denselben reinigen. — — — Weil der heilig geyst nit haben wil sein wonung in einem hertzen, das vnsauber ist mit den masen der sünden, sunder mer erwelt er die reinen hertzen. Es spricht der weyß Salomon. Jn ein bößwillige sel mag nit kummen die weißheit. Also so wir wöllen empfahen den heiligen geyst, müssen wir von vnß legen die sünd.

Wir sollen (darumb) mit allem fleyß warnemen in disen pfingstlichen hochzeytlichen tagen der grossen gutthat gottes, die er vnß hat bewiesen in vil vnd manigfaltigen tugenden. Davon setzt ein spruch der lerer Jordanus, den du zu dir selbs wol magst alltag sprechen:

O mein seel betracht mit inniger andacht die gaben vnd gutthaten gottes, die er dir so überflüssigklich verlyhen hat. Er hat dich beschaffen auß nüt, vnd nach seinem bylb. Vernunfft vnd wissenheit, zu vnderscheiden das gut vnd das böß hat er dir verlyhen. Auch hat er dir geben verstentnyß über all anbere geschöpfft, vnb alle creaturen seint dir vntertßan, die sonn vnb der mon die welt zu erleuchten. Er laßt alle bing uff der erden wachsen vnd grunen zu deiner notdurfft, damit du beinen leyb spensen vnb kleyden magst. Auch betracht mit großer anbacht, wie übergroß die gab des heiligen sacraments sey, das dir o mein sel so lieblich ist bereyttet. Wie rein söllen sein beine henb von allen bösen werken, wie sauber ber munb, wie heilig ber leychnam, wie unbesleckt dein Hertz, barzu sich so lieblich neyget b' herr der allmechtigkeit vnb merer b' reinigkeit. O wie groß sol sein bein Dancksagung zu Gott beinen schöpffer, der sich dir selbs so miltigklicße gibt, nit darumb bz er bein bebörff, sunder bas er bich elenben vnb kranken gesunb vnb rein mach von sünben, vnb barnach verlenße bas ewig leben. Amen.

Da wir schon constatirten, baß die Basler Ausgaben stets bas ganze Meßformular verbeutschen, so verstebt sich bieß auch von ben bamals zahlreicheren Sequenzen, doch wollen wir zu weiterer Kenntniß der Spracheigenthümlichkeit jene von Ostern unb Pfingsten hier mittßeilen.

Sequenzen.

Von Ostern: Die christen opfferent lob bem osterlamb. — Christus bz unschulbig lamb hat erlöst die schefflin, vnb hat die sünder vereinigt bem vatter. — Das leben vnb ber tobt haben gestritten mit einem wunberbarlichen kampff, aber ber merer bes lebens der bo ist gestorben, der herscht lebenbig. Sag vnß maria, was hast du gesehen in dem weg; ich hab gesehen bas grab christi bes lebenbigen, vnb hab gesehen die ere bes offerstanben. Ich hab gesehen die englischen gezeugen, die kleyber vnb das schweyßtuch, christus meine hoffnung ist erstanben, vnb wirb vorgeen ben seinen in galilea. Es ist mer zu glauben marie allein der wahrhafftigen, bann ber trügßafftigen schar ber jüben. Wir wissen fürwar, bz christus erstanden ist von ben tobten, bu künig überwinber, erbarm bich unser.

Von Pfingsten: Kum heiliger geist, vnb senb auß vom himel ben glantz beines scheins, kum vatter ber armen, kum geber der gaben, kum liecht der hertzen. Aller bester tröster, ein süsser gast ber sele, ein süsse ergetzung. Ein rüw in ber arbeit, ein erquickung in ber ßitz, ein trost in der trübsal. O allerseligestes liecht, erfüll die inwenbige des hertzen beiner gleubigen. On beine gottheit ist nicht in ben menschen, ist nit vnstreffliches. Wasch das bo ist vnrein, seuchte das bo bürr ist, richte bas bo ist irrig. Erlabe bas krank ist, bieg bas bo hart ist, mach gesunt bas wunt ist. Gib beinen glaubigen die vertraumen in dich die heilige syhenformige gab. Gib den verdienst der Tugend, gib den außgang des heils, gib die ewige freud. Amen.

Bei Beschreibung des Fortschrittes der frühern und der spätern Basler Plenarien dürfen wir schließlich die **typographische Vervollkommnung** nicht unerwähnt lassen.

Die vier ältern Ausgaben von 1473, 1480, 1481 und 1483 haben zwar schon, wenn auch unvollkommene Bilder zu dem Sonn= und Festtagevangelium, aber noch keine Columnenüberschriften, sondern nur oben in der Mitte jeden Blattes die fortschreitenden **lateinischen Zahlen**. Bieten auch dem Leser nichts, um einzelne Feste oder Tage leichter als durch vollständiges Durchblättern aufzufinden.

Anders ist es bei den Basler Ausgaben; diese haben zuvörderst von Anfang bis zu Ende ganz entsprechende Columnenüberschriften; sodann auch im Texte für die einzelnen Absätze **Ueberschriften** mit starker, fetter Schrift. Endlich bieten sie am Anfang nach der Vorrede ein sorgfältiges „**Register in dise trostlich Postill**" mit dem Verzeichniß sämmtlicher Sonn= und Festtage und die dafür gebotenen Stücke sammt den Paginazahlen.

Bedauerlicher Weise können wir bezüglich der **Orthographie** auch bei den spätern Ausgaben keinen Vorzug vor den ältern verzeichnen. Hier wie dort zeigt sich darin eine solche Sorglosigkeit und naive Gleichgültigkeit, daß oft unmittelbar nach einander Namen oder gewöhnliche Worte ganz verschieden gedruckt sind. Bald Jhesus, Jesus, Christus, cristus, prophet, profet, Gott, Got, Gebet, Gebett, aposteln, Evangelisten, wirt, wiirt u. s. w.

Da die Freiburger Universitätsbibliothek auch eine große Anzahl **deutscher Bibelübersetzungen** vor Luther besitzt [1], so war es uns leicht

---

[1] Wir wollen diese hier namhaft machen: 1) Die nach Hain u. A. um 1466 zu Straßburg bei Eggestein gedruckte in 2 Tom. groß Folio; 2) von 1472—1474 in 1 Tom. groß Folio, nach Panzer, Annalen S. 13, zu Straßburg oder Nürnberg gedruckt die ed. IV. german. und Hauptquelle, aus welcher die übrigen Ausgaben insgesammt geflossen sind; 3) von Augsburg um 1474 nach Panzer die ed. V. german. und durch Günther Zainer gedruckt; 4) von Augsburg durch Anton Sorg, groß Folio; 5) von Nürnberg 1483 durch Anton Koburger in 2 Tom. groß Folio (nach Panzer, Annalen S. 133 die ed. IX. german.); 6) von Straßburg 1485 in 2 Tom. klein Folio (nach Panzer, ibid. S. 154 die ed. X. german.); 7) von Augsburg 1490 durch Hansen Schösperger 2 Vol. klein Folio (nach Panzer ibid. S. 182 die ed. XII. german.); 8) von Augsburg 1507 (nach Panzer ibid. S. 275 die ed. XIII. german.), in Folio (leider sehr defect); 9) von Augsburg 1518 durch Silvanum Otmar (nach Panzer ibid. S. 410 die ed. XIV. german.) in 2 Vol. klein Folio, wovon Vol. I. fehlt; 10) Biblia beider alt vnd newen Testamenten von Dietenberger zu Meynß 1534 in Folio (davon

und angenehm zu untersuchen, ob die Verfasser der Plenarien vielleicht einer der damals schon vorhandenen deutschen Uebersetzungen gefolgt seien. Das Ergebniß der an verschiedenen Stellen angestellten Untersuchung war, daß die Texte, wenigstens der uns vorgelegenen Plenarien, mit keiner der schon im Druck verbreiteten Uebersetzungen genau übereinstimmen, daß deren Verfasser also meist selbstständig aus der lateinischen Vulgata übersetzt haben, wozu sie nach der von ihnen kundgegebenen Bildung hinreichend befähigt waren.

Die Evangelia, Ewangelybücher mit Ußlegung und Postillen Doctor's Geiler von Keisersperg's des gelehrten und viel bewunderten „Predicanten in dem hohen stifft Straßburg" haben uns nach den nun beschriebenen literarischen Erfolgen auf dem Gebiete der Postille nicht befriedigen können. Meine nach frühern Arbeiten desselben ziemlich hoch gespannten Erwartungen sind enttäuscht. Vielleicht trägt daran auch das vorgeschrittene Alter Schuld; stammen ja die hier von Andern nachgeschriebenen Kanzelvorträge auch aus den vier letzten Jahren seines früher mit so viel Ruhm geübten Predigtamtes. Die Herausgeber haben bei dem Druck Vieles aus den ältern Plenarien entlehnt, auch die Haltung des Predigers beschrieben: „Den englischen Gruß sprechend fiel der Doctor nider uff seine knii vnd bettet. Glych richtet er sich wieder off vnd sprach. Grose gnad vnd barmherzigkeit verleihe vns der allmechtig got, Amen. Vnd satzt sein pareth wider uff, vnd fing das ewangelium gleichs an ze predigen, vnd sprach also." Was uns aber gegen die Einfachheit und Natürlichkeit in den meisten Plenarien besonders hier bei Keisersperg unangenehm berührte, sind die oft gekünstelten Worterklärungen und die noch widerwärtigere Disposition der Themata seiner postillartigen Erklärungen meist nach der sieben Zahl.

Ad I. An sant matheus des apostlen vnd Evangelisten tag steht: Hie wer ein frag, seitmal im Evangelio stot Thelonium als Breviloquus sagt, ob es solt heissen Thelonium oder Theloneum penultima probucta, man findt es gar selten recht. Darzu was da sei Publicanus,

---

noch Ausgaben von 1540; Cöln 1550, 1561, 1567, 1571 und 1572); 11) Biblia Altes und Newen Testament aus Ebreischer und Griechischer Sprach gründlich verteutscht, gedruckt zu Frankfurt am Meyn bei Christian Egenolff 1534; 12) Bibel, Alt und new Testament nach Text in der hailigen Kirchen durch Dr. Johann Eden, Ingolst. 1558 in klein Folio. Die spätern lutherischen und gleichzeitigen katholischen Uebersetzungen, die auch sehr gut vertreten sind, erwähnen wir nicht, wie auch schon die drei letztgenannten nicht gerade hierher gehörten.

ich wil sie dir beid kurtz verantwurten: Zu den ersten Thelonium, wo das wort harkumpt, (Telos grece significat equivoce multa finem, tributum, vectigal, honorem initiationem, legionem impensam pro eo significato quo tributum vel vectigal significat, inde venit teloneon grece, telonium latine, quob est suggestum mensave, in qua vectigal vel tributum penbig.) vnd also ist es recht. — Nun aber was da sei Publicanus, dz wissen die meister daß dan ich, bu hast dort ein text im lege i. ff. de publica, da stot dz publicani sein die, die an solchen enben sitzen vnd die ding handlen, die da ein gemeinen nutz, vnd also mit gewin umbgon. Als die da im schatzhuß ober vngelt, ober an den zöllen sitzen vnd die empter verpfenden, ober verpfende empter haben, vnd wer solch ding verpfendet hat, der ist ein harter mensch, vnd müß daruff greiffen, zwingen vnd tringen die menschen weiter den billich vnd recht ist, vnd ein solch ampt hat sant Matheus gehabt (vgl. oben sub Nr. 29. pag. CXCIII.).

Ad II. Verweisen wir 1) auf die Prebigt am XIII. Sonntag nach Dreifaltigkeit: Ich will euch eine kurtze leer geben, die euch auch notürfftig ist ze wissen, von göttlicher liebe, was da ist, gott lieb haben über alle Ding. Die lerer ziehen die matery hin vnd wiber nit anders dan wie ein katz ein seytuch hin vnd wiber zeucht, sanctus Thomas, Scotus vnd die andern, vnd machen vil gesetz daraus. Aber die nüwen doctores, die jungen (sunt resolutiores veteribus), sie nemmen ze steuer, das die alten lerer geschriben haben, vnd thunt dz ir darzu, vnd beschliessen es yn einen knopff. Darumb was da sei gott lieb haben über alle ding mag in syben weg verstanden werden, vnd ist nüt dann Scotus, vnd nach im Gabriel, in dem findestu es. Animaliter, optabiliter, favorabiliter, apprecianter, utiliter, effectualiter: Thierlich, wünschlich, günstlich, hochachtlich, nützlich, wirklich, hinzentlich.

In disen syben wegen mögen verstanden werden bz gott lieb gehabt sei über alle ding (s. oben sub Nr. 28. pag. CXXXIV.) 2) auf die Prebigt von Mariä Geburt: Nun fragest bu, wie sollen wir Maria eren vnd womit sollen wir ir dienen. Ich find siben stücklein, damit ein jetlicher mensch eren mag vnd bienen Maria der mutter gottes:

Grüssen (salutare), fasten (jejunare), gebenken (recolere), abbrechen (abstinere), lobben (laudare), eeren (honorare), buwen (extruere); 3) von der Himmelfart Marie: In der himmelfart hat sie Got geeret in syben weiß vnd weg. — Got hat sie gemacht: Ein fürsprecherin (advocatam), ein helfferin (auxiliatricem), beistenderin (assistricem), theilhaftig (participem), ein fraw b' welt (domina mundi), ein künigin des himels (regina coeli), ein künigin b' barmhertzigkeit (reginam misericordiae); 4) uf sant Martins tag: Martin hat syben eigentschafft an im gehabt, die werden verstanden in den syben büchstaben B J S C H O F verstanden: Barmherzigkeit, Ingezogenheit, Sie messigkeit, Cleinheit, Hefftigkeit, On sünd, Fleissigkeit. 5) von sant Matheus: Hie find ich synbende tugend beschlossen in den sibend buchstaben des namens Mathei: Magnificentia in relinquendo, Auscultatio in obediendo, Tractabilitas in non resistendo, Humilitas in sequendo, Evangelisatio in praedicando, Virtuositas in operando, Strenuitas in paciendo.

Doch können wir nicht leugnen, daß auch hier unter mancherlei Spreu und Schlacken viel Körniges, Treffendes, Witziges und Zwickendes für alle Stände, besonders für die Geistlichkeit, zu finden ist.

C. **Auszüge aus den ältern und jüngern Plenarien.**

Nachdem wir in den zwei vorhergehenden Theilen hinreichend Gelegenheit geboten haben, die Eigenthümlichkeit der Redeweise der Plenarien kennen zu lernen, werden wir jetzt zu größerer Gleichförmigkeit der Darstellung und zu leichterem Verständniß die Auszüge in unserer jetzigen Sprache vorlegen.

Wir treffen die Wahl nach der bei allen dem Kirchenjahre entsprechenden gleichen Reihenfolge und beginnen also mit der Adventszeit. Wo es immer thunlich und zweckmäßig erscheint, werden wir den betreffenden Stücken aus den ältern die für dieselben Tage und Feste der jüngern seit 1514 anreihen und gegenüberstellen.

Am **ersten Adventsonntag** in den ältern Ausgaben (1473, 80, 81 und 83). Die **Epistel:** Fratres scientes quia hora est jam nos de somno surgere etc. ad Rom. XIII. Brüder wisset, daß die Stunde da ist, vom Schlafe aufzustehen; denn jetzt ist unser Heil näher, als da wir gläubig wurden. Die Nacht ist vorüber, der Tag aber genahet. Darum sollen wir von uns werfen die Werke der Finsterniß und anlegen die Waffen des Lichtes, damit wir an dem Tag ehrbar wandeln, nicht in Wirthschaften, noch in Trunkenheit, nicht in Betten der Unzucht und Unkeuschheit; nicht in Krieg und Haß, sondern anziehen den Herrn Jesum Christum.

Das **Evangelium:** Cum appropinquasset Hierosolyma et venisset Bethphage ad montem Oliveti. Matth. XXI. In der Zeit, da Jesus sich der Stabt Jerusalem nahete und in das Dorf Bethphage am Oelberg gekommen war, da sandte Er zwei seiner Jünger und sprach zu ihnen: Gehet hin in den Flecken, der vor euch liegt, und alsbald werdet ihr eine Eselin angebunden finden und ein Junges bei ihr; löset sie und führet sie zu mir u. s. w.

Glossa (Postille).

Das ist das heilig Evangelium, das man heut im Amt der heil. Messe liest, darinnen wir etliche Dinge merken sollen, zuvörderst, wie wir uns bereiten sollen. Der Prophet Amos c. IV. spricht: praeparare in occursum Dei tui Israel: O Israel, du gläubiges Volk, bereite dich deinem Gotte vor. Und wie wir uns bereiten sollen, lehrt uns derselbe Prophet, wenn er spricht: Lavamini etc.: waschet euch und seid rein, thut ab die bösen Gedanken von euren Augen, daß wir uns würdig für ihn bereiten. Dazu müssen wir etliche Dinge an uns haben.

Zum ersten sollen wir abthun die zerrissenen Kleider, die Sünden, die uns in Finsterniß bringen, damit wir nicht gesehen werden. Davon ist geschrieben in den Klageliedern c. IV.: Denigrata est super carbones facies etc. Ihr Antlitz ist viel schwärzer als die Kohlen, darum werden sie nicht auf den Gassen erkannt. Wir sollen auch ausziehen das unreine Kleid der Unkeuschheit, wie uns St. Paulus lehret, indem er spricht: Odientes eam etc. Hasset das was fleischlich ist, das unreine Kleid der Unkeuschheit; ebenso sollen wir abthun die zerrissenen, bösen Kleider der Hoffart, wovon Salomo (Sprichwörter c. III.) spricht: Inter superbos etc. unter den Hoffärtigen sind alleweg Krieg. Kein Untugend zerreißet (auch) mehr das Kleid der Seelen als die Hoffart. Darum lehrt uns heute St. Paulus in der Epistel, daß wir dieses Kleid ausziehen sollen wegen der Ankunft des himmlischen Königs, abwerfen sollen die Werke der Finsterniß, welches die Sünden sind, dagegen die Waffen des Lichts anlegen. Davon ist im Buch Esther c. III. geschrieben: Non erat licitum etc. Es ist nicht ziemlich, daß Jemand in einen Sack gekleidet in des Königs Saal gehe. Ebenso soll Niemand in das heilige Zelt des Advents mit Sünden treten, wie David spricht: Concidisti saccum meum etc. Du hast meinen Sack zerschnitten und hast mich mit Freuden gekleidet. Zum andern sollen wir uns mit dem Kleid der Tugend zieren, nach St. Paulus die Waffen des Lichtes anlegen, das sind der Glaube, die ganze Hoffnung und göttliche Liebe. Das ist auch das Kleid der himmlischen Hochzeit, von dem der Hausherr bei Matthäus c. XXII. gesprochen. Davon spricht auch St. Petrus (I. Brief c. III.): Caritas operit etc. Die Liebe bedecket der Sünden Menge; das ist das Minne-, goldene Kleid, womit die liebende Seele bekleidet sein soll, wie auch David schreibt: Es stehet eine Königin zu seiner Rechten, mit einem goldenen Kleide angethan.

Zum dritten sollen wir unserm Herrn Christus, dem himmli=

schen Könige, ein heimlich Gemach bereiten, daß wir ihn würdig darin empfangen, wie geschrieben steht (L Kōnig c. XXII.): Praeparate corda etc. Bereitet eure Herzen dem Herrn und dienet ihm allein. — Zum vierten sollen wir bemerken, wie wir ihm entgegen gehen sollen mit den Aesten des Oelbaums; das sind die sechs Werke der Barmherzigkeit, und mit den Palmen der Wahrheit. Das lehrt auch David, da er spricht: Misericordia et veritas obviaverunt, die Barmherzigkeit und Wahrheit sind sich begegnet[1]. Wir sollen barmherzig sein gegen die Armen in ihren Nöthen, das lehrte auch Tobias seinen Sohn, indem er sagte: du sollst barmherzig sein; hast du viel, so sollst du viel geben, weil das Almosen den Menschen von Sünden und dem ewigen Tod erlöst und des Menschen Seele nicht in die ewige Finsterniß kommen läßt. Es gewährt auch das Almosen die größte Hoffnung allen Sündern vor dem allerhöchsten Gott, deßhalb mahnte auch unser Herr: Seid barmherzig (Luk. c. VI.). Wir sollen aber auch sorgen, daß unser Leben in der Wahrheit sei; daß wir dem Nächsten die Wahrheit sagen, denn Er ist die Wahrheit, dem wir entgegen gehen; und wer mit Ihm sein will, der muß wahrhaft sein. Spricht ja David: Herr! wer soll mit dir in deinem Saal wohnen? Wer die Wahrheit in seinem Herzen trägt und in seinem Munde kein trügerisch Wort führt. Der wird den ewigen Segen empfangen. Und so ist ihm das Volk Israel mit den Palm- und Oelzweigen entgegen gegangen: mit Barmherzigkeit und Gerechtigkeit.

Zum letzten sollen wir bedenken, wie wir diesen König empfangen sollen: mit großer Ehre und Würdigkeit mit dem Lobgesang: Hosanna, der da kommt im Namen des Herrn. Dafür haben wir ein Vorbild in dem greisen Simeon, der gerecht war und auf die Erlösung des Volkes Israel harrte. Da geschah es, daß Maria kam und ihm Jesus in seine Arme legte. Sogleich erkannte er, daß es der himmlische König war und rief: Jetzt Herr laß deinen Diener in Frieden fahren, denn meine Augen haben dein Heil gesehen, und das Licht, welches alle Welt erleuchtet und die Ehre des Volkes Israel. Also sollen auch wir in dieser heiligen Zeit harren und uns Ihm vorbereiten, daß er zu uns komme und ewiglich bei uns bleibe. Dazu verhelfe uns der Vater, der Sohn und der heil. Geist. Amen.

---

[1] Die vorausgeschickten lateinischen Worte zur Epistel und dem Evangelium, wie bei Anführung von Bibelstellen haben wir bisher zu näherer Angabe der Darstellung der ältern Plenarien angeführt; von jetzt an lassen wir sie aus, wie selbe auch in den jüngern Ausgaben seit 1514 von Anfang an fehlen.

Glossa des Basler Plenars von 1514 auf I. Advent
Sonntag über dieselben Perikopen.

Hier sollen wir zuerst merken, daß dieses Evangelium zu zwei Zeiten im Jahr gelesen wird: am Palmsonntag, als an dem Tag, wo der Herr nach Jerusalem kam, dann am ersten Sonntag im Advent, wo die Ankunft unsers Herrn geistlich zu verstehen ist, als er zu Maria seiner Mutter kam, da er die menschliche Natur annahm. Von dieser Ankunft beginnt die heil. christliche Kirche heut an zu singen und zu lesen bis zur Geburt unsers Herrn. Diese Ankunft unsers Herrn hat vier Sonntage, an welchen uns die vier Evangelien vorbereiten, die man an diesen Sonntagen liest: Der erste Advent oder Ankunft wird heut begangen, wo wir lesen, daß der Herr auf einem Esel geritten ist, was seine demüthige Menschheit bezeichnet, da es fürwahr eine große Demüthigung war, daß Gott Mensch, der Herr ein Knecht worden, und auf alle Weise verspottet werden wollte, wie bei seinem Leiden geschah, was er selbst also verkündet hat: Ich bin nicht gekommen, um mir in meiner Menschheit dienen zu lassen, sondern um andern zu dienen und mein Leben hinzugeben für Viele. Ueber solche Demuth verwunderte sich schon der Prophet und sprach: Mensch komm her und sei nicht träg d. h. in Dingen, welche deinen Herren angehen, der um beinetwillen so demüthig geworden ist. Dein König und Erlöser kam demüthiglich auf einem verachteten Esel sitzend, nicht grimmig auf hohem Roß oder auf einem vergoldeten Wagen. Was er dabei that, sagt uns Lukas: Er weinte bitterlich sehr wegen der Sünden des Volks. Das sollen wir heute zu Herzen nehmen und diesen Advent in heiliger Uebung anfangen.

Der Prophet Jona schreibt von dem König von Ninive, daß er ein hären Kleid und einen Aschensack angelegt, demüthig gefastet und also Buße gewirkt habe. Damit ist uns vorbedeutet, daß Gott sich so sehr gedemüthigt hat, Mensch geworden ist und in diesem Jammerthal unserer Erlösung wegen gesessen hat.

Dem christgläubigen Volke werden heute drei Briefe gesandt, die sollen wir lesen, fleißig erforschen, was sie enthalten, und was sie bedeuten. Den ersten Brief hat uns der Prophet Zacharias gesandt, der im IX. Capitel steht, welchen uns auch heute das Evangelium in den Worten vorführt: „Saget der Tochter Sion, d. h. der andächtigen Seele, dem Christenvolk, siehe dein König kommt sanftmüthig und demüthig." Damit will er sagen: Erschrick nicht, christgläubiger Mensch, fürchte dich nicht, erschrick nicht vor der Ankunft deines Herrn, denn er kommt ja arm und bemüthig. Den andern Brief hat uns der Apostel und Evangelist **Mattheus** geschrieben in dem heutigen Evangelium von dem Lob und der Ehre, welche dem Herrn von dem jüdischen Volke zu Theil ward, damit will er uns unterweisen, daß wir nimmer das Lob Gottes verschweigen sollen, da wir sein auserwähltes Volk sind, vielmehr ihn ewig loben durch Halten seiner Gebote und in allen guten Werken, die wir vollbringen können. Den dritten Brief hat uns der Apostel St. **Paulus** geschrieben, da er uns in der heutigen Epistel ermahnt: Brüder wisset, daß die Zeit und Stunde da ist, vom Schlafe aufzustehen. Damit will er sagen: Seid ihr bisher säumig gewesen in guten Werken, so seid nicht länger träg, denn unser Heil ist näher bei uns als wir selbst wissen.

Die **andere** Ankunft des Herrn verkündet das Evangelium St. Lucä am zweiten Sonntag von dem strengen Gericht, das gar schrecklich sein wird. Es werden Zeichen an Sonne, Mond und Sternen sein rc. Von dieser Ankunft des Herrn sagt der Prophet **Sophonia** (c. I.): Der Tag ist ein Tag des Zorns, ein Tag des Jammers, ein Tag großer Betrübniß, wann Himmel und Erde erschüttert werden. Dann werden die Sünder schreien: Berge fallet auf uns, damit uns der strenge Richter nicht sehe. Aber St. **Paulus** spricht: Alle werden wir vor dem Richterstuhl Christi offenbar werden; dann liegen alle Bücher offen, das sind alle Gewissen der Menschen. Da werden enthüllt und sichtbar all' unsere Werke, Worte und Gedanken.

Die **dritte** Ankunft des Herrn deutet das Evangelium des dritten Sonntag, wie der Herr zu den Vorvätern zur Höll' hinabstieg, ihnen das Evangelium predigte und sie daraus erlöste.

Die **vierte** Ankunft des Herrn verkündet das Evangelium am vierten Sonntag im Advent, wie Gott der Herr nämlich zu einem jeden Menschen mit seinen Gnaden kommt, wenn der Sünder sich bekehrt. Wenn in diesem Evangelium steht, daß die Juden Johannes den Täufer fragten, **wer bist du**, so soll ein jeder Mensch auch sich selber fragen, **wer bin ich**? Bekennen wir aufrichtig, so werden wir finden, daß wir arme Sünder sind. Von dieser Ankunft spricht auch St. **Johannes** in der Offenbarung: Ich stand und klopfte an der Thür deines Herzens mit meinen Gnaden, und so mir Jemand aufschließt, will ich bei ihm einkehren, ihm das Himmelsbrod und einen neuen Stein in seine Hand geben, das ist die neue Freude des ewigen Lebens. Diese Ankunft begehrte St. **Augustinus** als er sprach: Herr, wer gibt mir, daß du in mein Herz kommst, süßer Jesu, und daß du das sättigest, und meine Seele soll aller Bosheit vergessen.

Vorhin ist gesagt, daß der Einzug des Herrn in Jerusalem auf seine demüthige Menschwerdung hindeute. Unter Jerusalem sollen wir

die heilige, christliche Kirche verstehen — — — — — —
— — — — — — — — — — —

zu deren Gründung Gott seinen Sohn sendet, der für unsere Sünde genug thun sollte, weil dazu kein ander Mensch, auch kein Engel fähig war. Dieser ward ein süßer Mittler zwischen dem himmlischen Vater und den Menschen, wie St. Paulus sagt: Da wir Feinde Gottes waren, sind wir mit Gott versöhnt worden durch den Tod seines eingebornen Sohnes Jesu Christi. Darum kam der Herr auch in Sanftmuth.

Merke hier noch die lange Zeit viel Tausender Jahre, seit Adam das Gebot Gottes übertrat bis zur Geburt Christi. Da endlich Gott Vater in seiner großen Gnad und Barmherzigkeit die Armuth und das Elend des Menschengeschlechts anschaute, nachdem auch der heilige Geist durch Anrufen und Bitten der heiligen Propheten den Vater bestürmt hatte, und Gott Sohn Mensch werden und die Sünde der Welt sühnen wollte; so erkenne, o Christ, wie die ganze Dreifaltigkeit um die Erlösung des Menschengeschlechtes bekümmert war. Darum sollen wir mit allem Fleiß und Ernst darnach ringen, so zu leben, daß so theures, schweres Werk an uns nicht verloren gehe, wir vielmehr Gott für solche Gunst und Freundschaft innigst danken.

In Sonderheit sollen wir den Herrn Jesus Christus empfangen mit großem Lob und Würdigkeit, weil er ein König über alle Könige ist, weshalb auch St. Paulus von ihm sagt: Im Namen Jesu sollen sich beugen alle Kniee derer, die im Himmel, die auf Erden und unter der Erde sind (Philipp. 2, 9), anderseits aber auch erklärt: Daß Niemand in dem Himmel gekrönt werde, es sei denn, daß er getreulich gestritten hat, und zwar bis in den Tod, wie der Erlöser im Evangelium sagt. Ach Herr, wenn nur ein solcher selig wird, was sollen dann die thun, welche noch nicht angefangen haben wider alle Laster der Sünde zu streiten, um das ewige Leben zu erlangen? Wir müssen mit größtem Fleiß wider drei Feinde streiten. Der erste ist allezeit bei uns, das ist unser Fleisch; der andere ist mit uns, das ist die Welt; der dritte ist der böse Geist. Nur wenn diese drei Feinde von uns überwunden werden, dürfen wir hoffen, daß unser König sanftmüthig zu uns kommt, sein Reich mit uns theilt, das er uns geöffnet und verdient hat mit seinem bittern Tode.

Die Anfechtung des Fleisches wird überwunden mit geduldigem Fasten und Casteiung, in Vermeidung von Personen, Stetten, Stunden, Ursach und von allem, was zur Sünde reizen mag. Die Welt mit all ihrer Begierlichkeit wird mit wahrer Demuth überwunden; der böse

Geist mit männlichem Widerstand gegen alle Laster und Untugenden. Also sollen wir den König unsern Herrn empfangen.

Zum **Andern** sollen wir ihn loben, ihm danken und Ehre erweisen, weil er unser Bruder ist in der Menschheit. Davon sagt St. **Paulus** (Hebr. 2, 16): Gott hat nicht die Natur der Engel angenommen, sondern den Samen Abrahams, das ist die menschliche Natur.

Zum **Dritten** sollen wir ihn loben und ihm danken für die großen Wohlthaten, die er uns erwiesen; denn er ist gekommen um deiner Buß und Seligkeit willen, nicht als ob er deiner bedürfte. Er hat uns sein Reich verheißen und gemahnt: Kommet, ihr Gebenedeiten, und besitzet das Reich, das euch von Anfang der Welt bereitet ist. Auch hat er uns sich selbst in dem allerheiligsten Sacramente gegeben, da er verhieß: Mein Fleisch ist wahrlich eine Speise und mein Blut wahrhaftig ein Trank. Er hat unsere Sünden mit seinem Blut abgewaschen. Sein Seel' hat er für uns hingegeben und uns damit von dem ewigen Tode erweckt (Joh. 10, 11). Seine Gottheit hat er uns gegeben, daß wir sie im Reiche der ewigen Seligkeit brauchen sollen. Hier sollen wir hoffen, glauben und bekennen, und darnach das ewige Leben in Vollkommenheit empfangen. Es sagt ja St. **Johannes** (Joh. 17, 3): Das ist das ewige Leben, daß die Menschen dich, himmlischer Vater, den wahrhaftigen Gott, allein bekennen, und Jesum Christum, den du gesandt hast. Hie ist billig eine Frag, warum der Herr Jesus nicht eher kam und seine Ankunft so lange verzog? Darum, weil Adam am sechsten Tag das Gebot Gottes übertrat, verzog sich auch die Ankunft Christi bis zum sechsten Alter der Welt.

Zum **Vierten** sollen wir den Herrn loben und ehren um des Amtes willen, das er vollführt: Er kam nicht zu uns als unnachsichtiger Vollstrecker der Gerechtigkeit, sondern als ein Vater der Barmherzigkeit, Sanftmuth und Güte; er will nicht den Tod des Sünders, sondern daß er sich bekehre und lebe. Darum ist auch die Buße zur Vergebung der Sünde so gering und kurz, während das Verdienst der Reue ewig sein soll. Darum sollen wir rufen: Ach, wären doch die Sünden nicht von mir armen Sünder vollbracht worden! Ach Gott, wie leid ist es mir, daß ich wider dich gesündigt hab, der du so gütig bist — und ich so sündig. Barmherziger Gott, erbarm' dich meiner.

Sprichst du also in Wahrheit zu dem Herrn, so antwortet er dir durch den Propheten **Ezechiel**: In welcher Stunde der Sünder erseufzet über seine Sünde, und will sie meiden, sich von seiner Ungerechtigkeit abkehren, will ich seiner Bosheit nimmer mehr gedenken, spricht unser lieber Herr.

Zum **Fünften** sollen wir den Herrn loben und ihm danken um der großen Demuth willen, da er nicht auf hohem Pferd, sondern auf einer Eselin kam, diesem geringen, verachteten Thier, zum Zeichen, daß Alle, die Gott dienen wollen, sich selber gering achten, wie unser Herr, Gott und König sich zur Verwunderung der Engel, der Menschen und der bösen Geister gedemüthigt hat. Demüthig war Er, demüthig war seine Mutter, demüthig waren seine Jünger, demüthig auch waren seine Kleider. Darum durfte er sagen: Lernet von mir, denn ich bin sanftmüthig und demüthig von Herzen.

Ein Exempel von einem besessenen Menschen.

Die Sünde der Hoffart war die erste Sünde, denn Himmel und Erde vermochten Lucifer mit seinen Genossen nicht zu halten, sondern er fiel in den Abgrund der Hölle. Diese Hoffart überwindet nur die Tugend der Demuth, wie man von einem, wohl wegen Hochmuth, besessenen Menschen liest. Dieser ward von den Leuten in eine Mühle eingeschlossen, weil er zu wüst und ungebührlich hauste. Es kamen mancherlei andächtige Menschen, um für diesen Unglücklichen zu dem allmächtigen Gotte zu beten, und hofften so den Teufel auszutreiben, aber sie vermochten es nicht.

Zuletzt kam von ungefähr ein Student, der redete mit diesem Menschen und bedreute den Teufel. Der Besessene hob, sicher auf Anreizung des Teufels in ihm, seine Hand auf und schlug dem Studenten scharf auf eine Wange. Da gedachte der Student der Worte Christi: „Schlägt dich Jemand auf die eine Wange, so reiche ihm auch die andere dar", und that also. Alsbald fuhr der Teufel aus und verließ den Menschen, welchen er des Hochmuths wegen besessen, da er solche Demuth nicht ertragen mag.

Ebenso liest man in dem Buche der Väter von St. Makarius, daß der Teufel einst also zu ihm gesprochen habe: Die guten Werke, die du thust, die thue ich auch; wann du fastest, iß ich nimmer; wann du wachest, schlaf ich nicht; arbeitest du viel, bin ich niemals müssig. Eine Tugend allein hast du, wodurch du mich übertriffst, das ist deine Demuth. Das sagte nun der Teufel in der Hoffnung, daß jener sich ob dieser Tugend überheben würde, denn der Teufel sagt wohl manchmal die Wahrheit, aber der Zweck dabei ist immer Betrügerei.

Darum wollen wir den Herrn bitten, daß er in unsere Seel' komme, daß wir in wahrhaftiger Demuth, in lauterem Bekenntniß unserer Sünde, in wahrer Reu ein bußfertiges Leben führen, und in dieser heiligen Adventzeit es erlangen, daß er mit uns und wir in ihm ewig bleiben mögen. Amen.

Am heiligen Weihnachtsfest

haben die vier ältern Ausgaben entsprechend den damaligen Missalen in allen drei Messen für die Episteln eine **doppelte Lection**; vor der jetzigen aus ep. St. Pauli ad Tit. c. 2 zu der ersten; ibid. c. 3 zu der zweiten, und aus ep. ad Hebraeos zu der dritten Messe noch je eine **Prophetie aus Jesaias** c. IX. Populus gentium ambulabat in tenebris; ibid. c. LXI. Ecce dicit Dominus, Spiritus Domini super me etc.; und ibid. c. LII. Haec dicit Dominus, Propter hoc sciet populus me, darauf die den jetzigen Missalen conformen Evangelien, während auch hier die Ausgaben seit 1514 die **vollständigen Meßformulare** in deutscher Übersetzung bieten. In den ältern werden dann **zwei Glossen** gegeben, in den jüngern, Baslern, **drei**, wovon die zwei letzten übrigens mit wenigen Abänderungen jene der ältern Ausgaben sind. Da die erstere mehr allgemeinen, auch liturgischen Inhalt bietet, wollen wir diese mit dem darauf folgenden „merkwürdigen Exempel von den drei Messen des Weihnachttages" hier zuerst mittheilen.

Erste Glosse der Ausgabe von Basel 1514.

Dieß heilig Evangelium (zur ersten Messe bei Luc. 2.) verkündet uns die Geburt Jesu Christi, wo und von wem er geboren sei, und wird in der ganzen Welt zur Metten gesprochen: Christus der Herr ist uns geboren, kommet, lasset uns ihn anbeten! Damit will die Mutter der christlichen Kirchen den Christenmenschen sagen: Kommet her, lieben Kinder, seid nicht träge und betet an Gott euern Schöpfer, der sich um unsertwillen also gedemüthigt hat, daß er von einem Menschen geboren werden wollte. Diese große Demuth des Herrn soll uns bewegen zur Tugend und bitteren Reu über unsere Sünde, sintemal das kleine Kindlein gar leicht zu befriedigen ist. Es läßt sich beschwichtigen mit einem Apfel oder mit ein wenig Milch. — Der Herr ist in großer Armuth in die Welt gekommen, er ist in dürftige Windlein gewickelt in ein Kripplein gelegt worden. Also singt und liest man heut auf dies hochzeitliche Fest, und damit werden wir unterwiesen, daß wir uns dem Herrn Jesu in Demuth gleichförmig machen sollen.

Dies heilig Evangelium spricht auch von dem Gebote des Kaisers Augustus, der die ganze Welt dem römischen Reiche unterthänig gemacht hat. Er wollte nämlich wissen, wie viel Städte, Dörfer und Menschen in jeglichem Staate wären, und wie viel Zins oder Tribut nach damaliger Taxe zu leisten sei. Nach der Verordnung jenes Gebotes war Joseph und Maria aus dem galiläischen Land von der Stadt

Nazareth in das Land Judäa nach Bethlehem, der Stadt Davids, gezogen, wo sie, da alle Häuser voll fremder Leut, sie auch arm waren, in einem gemeinen, offenen Hause in dem Stalle einkehren mußten: **Hier ward von Maria der reinen Jungfrau Jesus Christus geboren.**

Nun sollen wir wissen, daß die Geburt unsers Herren Jesus Christus, lange bevor sie geschah, auch dem Kaiser Augustus war geoffenbart worden. Als er nämlich die ganze Welt dem römischen Reiche unterthänig gemacht hatte, da wollten die Römer ihn als Gott anbeten. Doch der Kaiser widerstrebte und forderte drei Tage Frist, in welchen er nach der Weissagerin, Sibylla Tiburtina genannt, schickte und von ihr Entscheidung forderte. Als sie darauf mit dem Kaiser in seine Kammer gegangen Gott bittend, er solle ihr eingeben, was sie dem Kaiser rathen soll; da sah sie bei der Sonne einen Cirkel, und mitten im Cirkel saß eine schöne Jungfrau, die auf ihrem Schoß ein hübsches Kind hatte. Da zeigte die Sibylle dem Kaiser die Jungfrau und das Kind zu ihm sprechend: Dieses Kind da auf dem Schoße der Jungfrau sollst du anbeten, denn es ist Gott und der Herr der ganzen Welt, und das Kind sei von einer Jungfrau geboren worden zum Trost der Menschen. Und so dies der Kaiser gesehen wollte er sich nicht anbeten lassen.

Man liest auch, daß die Römer zu einer Zeit einen schönen Tempel bauten, der groß und mächtig war, ein Tempel des Friedens genannt werden sollte. Da sie denselben bauten, fragten sie wieder die Sibylla, wie lang der Tempel stehen werde. Darauf antwortete sie und sprach: **Bis eine Jungfrau ein Kind gebären werde.** Dem widersprachen aber die Römer: das werde nimmer geschehen, und darum werde dieser Tempel ewig stehen und ein Tempel der Ewigkeit heißen. Da kam nun jene Nacht, in der unser lieber Herr Jesus Christus geboren ward, und nieder fiel ein großer Theil des Tempels! Auch sagen viele Menschen, die zu Rom gewesen sind, es falle alle Jahr in dieser Nacht ein Stück oder ein Theil des Tempels herab, zum Zeichen, daß auf dem Erdreich nichts ewig ist!

Auch sollen wir wissen, daß auf die Nacht und den Tag der Geburt Christi jeglicher Priester drei Messen lesen darf. Die erste Meß hält man um Mitternacht, diese soll hinweisen auf die Menschen, die vor der Zeit des Moses in Finsterniß lebten, den Teufel anbeteten meinend, daß er Gott sei, darum liest man die Prophecie in selbiger Meß: „Das Volk der Heiden, das da wandelt in der Finsterniß, hat ein großes Licht gesehen". Die andere Meß liest man so der Tag anbricht, die bezeugt uns die Zeit, da Moses den Juden in dem alten

Testament die Erkenntniß des wahren Gottes brachte, der alle Dinge geschaffen hat. Die dritte hält man an dem Tag, und die bezeugt uns die Zeit der Gnaden, darin wir sind, wo alle Christenmenschen vollkommen glauben, daß der Vater, Sohn und heil. Geist ein wahrer Gott seien, und daß unser Herr Jesus Christus heute Mensch geworden sei, der uns auch den Himmel geöffnet und den Weg bereitet hat, den wir wandeln sollen zu seinem himmlischen Vater. Amen.

Ein merkwürdiges Exempel von den drei Messen des Weihnachttages.

Es schreibt Cäsarius (von Heisterbach) in seinem Buche der Exempel von einem Priester in Frankreich, der in der Nacht von Christi Geburt über ein klein Feld, von einem Dorfe zu dem andern ging, Meß zu halten. Da habe es sich begeben, daß ihm vor dem Dorfe eine Frau allein zu lief. So auch er allein war, hat er mit ihr gesündigt. Da er nun die Sünde vollbracht, hat ihn sein schuldig Gewissen nicht zurückgehalten, sondern menschliche Scheu mehr als die Rache Gottes vermocht, und ist er nach der Sünd in die Kirch gegangen. Nachdem er die Metten gebetet, hat er nach der Gewohnheit das hochzeitliche Amt der Christnacht gesungen. Aber nachdem er den zarten Fronleichnam Jesu Christi, geboren von der Jungfrau Maria, consecriret und den Wein in sein rosenfarbnes Blut verwandelt, ist eine weiße Taube gekommen, welche der Priester sah. Diese habe den Kelch ausgetrunken und in den Schnabel den zarten Fronleichnam Jesu Christi genommen, und sei fortgeflogen. Da dies der Priester gesehen, sei er arg verschrocken, aber nicht wegen seines Seelenheiles; und da er also in dem Schrecken stand, hat er nicht gewußt was er thun soll, doch hat er diese Messe nach der Gewohnheit vollendet, aber der Frucht derselben ist er beraubt gewesen: des zarten Fronleichnams Jesu Christi.

Nach der ersten Meß hat er der Gewohnheit des Landes gemäß die Laudes gebetet und angefangen, die andere Messe bei Tagesanbruch zu lesen, da Niemand diese für ihn darbringen konnte. Als er nun wie bei der ersten Meß den zarten Fronleichnam consecrirt hat, ward ihm von genannter Taube als einem Unwürdigen abermals der hochheilige Leib genommen. Doch ist der Priester dadurch noch nicht zur Buße bewegt, und fing mit Frevelmuth auch die dritte Messe an, da ereignete sich das Obige nochmals. Jetzt erst ward der Priester von der Einsprechung der göttlichen Gnade zermalmt, und ging zu einem Cistercienser- oder Benedictiner-Abt, dem er beichtete und unter Thränen getreulich bekannte, was ihm begegnet war. Der Abt, ein weiser Mann, wollte die Kraft seiner Reue bewährt sehen, und befahl ihm, daß er alsbald wieder Meß lesen sollt. Als der Priester im Gehorsam nach seinen Worten that und tieferschüttert vor den Altar ging, hat Gott sein Herz angesehen, da er nicht begehrt den Tod des Sünders, und ihn wunderbar erfreut. Da die Zeit kam, daß er consecriren und das heil. Sacrament empfangen sollte, da kam die Taube mit den drei Hostien und gab sie ihm wieder, wie sie auch so viel, als sie aus dem Kelch getrunken, aus ihrem Munde ließ. Darüber ward der Priester wunderbar erfreut und sagte Gott für so große Gnade Dank, der so Wunderbares an ihm vollbracht.

Darnach ging er zu dem Abte, dem er gebeichtet, und der ihm also gerathen, ihm berichtend was vorgegangen sei. Zuletzt begehrte er von ihm, daß er ihn als Mönch in's Kloster aufnehmen solle. Doch der Abt antwortete: Jetzt gleich nehme ich dich nicht auf, ich will vielmehr, daß du über das Meer fahrest und in einem Spital den Kranken drei Jahre lang für deine begangenen Sünden dienest. Kehrst du dann wieder und bittest mich darum, dann werde ich es dir nicht abschlagen. Der gute Mann wollte, daß der tief Gefallene durch schwere Arbeit und die Gefahren des Meeres seine Sünde büße, und durch die Werke der Barmherzigkeit Fürbitter erhielte. Und dieser that nach dem Willen des Beichtvaters. Nachdem die drei Jahre abgelaufen, kam er wieder, ward bei dem Abt Mönch und starb eines seligen Todes.

Die beiden andern Glossen in den ältern und jüngern Ausgaben.

I.

Heut begehen wir den heiligen Tag, an dem Gott der Herr Mensch ward, und lesen in dem Evangelio, daß man da die Engel gehört hat unsern lieben Herren mit großen Ehren und Freuden loben. Sie sangen zweierlei Lob. Das eine, daß der Teufel überwunden wäre, darum jubelten sie: **Ehre sei Gott in der Höhe**, ein Gesang, den nie zuvor ein Mensch gehört hat; das andere: **Friede auf Erden den Menschen, die eines guten Willens sind**, um anzuzeigen, daß der Mensch mit Gott dem Herrn versöhnt sei. Unser Herr hat nämlich zwei Feinde, den Teufel und den Menschen, weßhalb er die menschliche Natur annahm. Den einen überwand er durch seine Weisheit, den andern mit seiner Barmherzigkeit. Nun sollen wir merken, auf welcherlei Weise der Mensch mit unserm Herrn versöhnt worden ist. Ehe Gott in dieser Welt geboren ward, klagten die Patriarchen und andere Leute fünferlei unserm Herrn. Zum ersten, daß Gott verloren war, ihn Niemand mehr finden konnte, wie Isaias klagte:

Wahrlich du bist ein verlorner Gott, denn er ward in 1000 Jahren mit Opfern gesucht und nicht gefunden. Darum ward er in einer Gasse geboren, als wollte er sagen: Sehet und fürchtet euch nicht, wiewohl ich verloren war, sehet ihr mich hier in einer Gasse, wie schon Jesaias gemahnt: Suchet den Herrn und ihr werdet ihn finden. — Zum andern klagten sie, daß Gott so grausam und zornig wäre, worüber David erseufzte: Herr, wir kennen die Gewalt deines Zorns; wurden ja etliche Leut von dem Feuer verbrannt, das vom Himmel herab kam, andere wurden lebendig von der Erde verschlungen, noch andere in Steine verwandelt. Deßhalb ward der Herr als Kind geboren, um zu sagen, ich vergesse meines Zornes so geschwind wie ein Kind. — Zum dritten klagten sie, daß Gott zu mächtig sei, Niemand ihn bewältigen könne, sogar David bekannte: Ich vermag nichts gegen deine Gewalt. Das fühlte auch wohl Jakob, als er mit dem Engel rang und ihn nur durch die Kraft Gottes überwinden konnte. Darum ließ sich der Herr in eine Krippe legen und in Windeln wickeln, um zu sagen: Sehet eine Jungfrau hat mich eingebunden, wer immer will, der kann mich sehen. Zum vierten klagten sie, daß Gott zu edel sei und auf den Dienst armer Leute nicht achtet. Dem entgegen ward er in einem Stall geboren, als wollte er sagen: Sehet ich bin hier im Stalle, und bedarf wohl eures Dienstes. Zum fünften klagten sie, daß der Herr ganz unbekannt sei und nicht wüßten wer er wäre. Ja David sprach: Wer kann seine Geburt erzählen? Jetzt aber sollt ihr nicht mehr sagen, daß ich nicht euer Gott sei; ich bin Jesus der Jungfrau Maria Sohn.

Von nun an hat unser Herr alle unsere Gebrechen geheilt, darum sollen wir aller seiner Gnaden gedenken, die er uns verliehen hat und einem jeglichen verleiht, daß er uns mit seinem Vater versöhne, und wir in Ewigkeit bei ihm bleiben. Amen.

II.

Lieben Kinder, heute begehen wir den Tag, an dem uns gegeben und geboren ward das Edelkind, unser Herr Jesus Christus, und das Wort, das ich eben zu Latein sprach (Transito ad me omnes, qui concupiscitis me etc.): Kommet zu mir alle, die ihr mich begehret, und ihr werdet von meiner Geburt erfüllt werden, mag wohl Maria am heutigen Tage sprechen. In diesen Worten sollen wir vier Dinge merken. Das erste ist, daß Maria uns heißet von den Sünden auf= zustehen, das denken wir bei dem Wort „kommet". Das andere ist, so sie uns alle einladet zu unserm Heile „zu mir". Das dritte ist, so sie unterscheidet, wen sie ladet und zu ihr kommen heißt. Das

vierte, daß wir verstehen, es sei in ihren Worten der Lohn ange=
zeigt, den sie geben will.

Von dem ersten ist zu sagen, daß die ganze Welt in Sünden
lag, nie gute Werke vollbrachte, welche ihr behülflich wären zu dem
ewigen Leben. Davon spricht unsere liebe Frau: nun gehet von den
Sünden und kommet zu mir. Zu dem andern ist zu wissen, daß uns
unser Frau um zweierlei Ursach willen heißet zu ihr kommen, wovon
besonders die erste zu beachten ist. Wenn da ein Mensch eine werthe
Sach verloren hat, so würde er gern und bald zu dem gehen, der sie
ihm wieder geben will. Nun haben wir durch Adam das ewige Leben
verloren wegen seines Ungehorsames im Paradiese. Jetzt will uns
Maria das ewige Leben wiedergeben mit ihrer Geburt in Jesus Chri=
stus, darum sollen wir gern zu ihr gehen. Außerdem ruft uns Maria
zu sich um einer Barmherzigkeit willen. Wenn nämlich ein Freund mit
dem andern zürnt, so ginge er gern zu dem, der ihn mit jenem ver=
söhnen möchte. Da wir aber Gott mit unsern Sünden erzürnt haben
da hat Maria uns versöhnt, indem sie den Heiland (Erlöser) geboren
hat. Und darum spricht sie: Kommet zu mir, ich zeige euch den, wel=
cher alle Sünden trägt.

Nun möchtest du sprechen: Sag mir Maria, wie hast du empfangen
und wie hast du geboren? Da wird sie dir antworten: In Demuth
habe ich empfangen, und in Demuth geboren mit jungfräulicher Keusch=
heit, als wolle sie sagen: Wer Gott aufnehmen will, der erwähle sich
die Keuschheit und die Demuth, und trenne sich von der Welt. Denn
nur bei dem Keuschen will Gott sein.

Zum dritten heißt uns unsere Frau zu ihr zu kommen, aber
nur diejenigen, welche sie von ganzem Herzen lieben. Es ist nicht genug,
daß der Mensch sich von der Sünde losreißt, keusch und demüthig sei,
gute Werke vollbringt — wenn sie nicht aus Liebe zu Gott vollbracht
sind. Der Mensch muß also Gott lieb haben, daß er ihn als Men=
schen geschaffen und zum ewigen Leben bestimmt hat, wie noch in Son=
derheit darum, weil er freiwillig Mensch geworden und die bittere
Marter, auch den jämmerlichen Tod seinetwegen gelitten hat, während
wir sonst ewiglich todt wären.

Zum vierten verheißt uns Maria den Lohn, welchen wir heute
finden. So wir zu ihr kommen so spricht sie: Ihr werdet von meiner
Geburt erfüllt und erfreut werden. Daraus sollen wir erkennen, daß
vor der Geburt Christi alle Patriarchen und Propheten große Sehn=
sucht hatten nach Christus, unsern Herrn, daß er endlich geboren würde,
besonders David, als er sprach (Ps. 16): O Herr, ich würde hoch
erfreut, wenn ich deine Glorie, das ist Jesum Christum, deinen Sohn

geboren sehe, dann werde ich und alle Menschen erlöst. Darum ist es wohl gethan, wenn unsere Frau spricht: Kommet zu mir, so werdet ihr von meiner heutigen Geburt erfüllt und erlöst werden. Denn ihr sollt wissen, daß vor Christi Geburt kein Mensch und Prophet so heilig war, daß er gleich gehalten werden möchte.

Am Charfreitag.

Wir haben schon bemerkt, daß die Basler Ausgaben seit 1514 die Leidensgeschichte Christi (Passion) am Charfreitag nicht nach St. Johannes, sondern aus allen vier Evangelisten zusammengesetzt geben, selbe passend in mehrere Abschnitte zerlegen, und zu einigen kurze Glossen oder Gebete anfügen. Beim ersten zur Erörterung der Frage: Warum Maria Magdalena Christum vor seinem Leiden mit so kostbarem Oele gesalbet.

Zu der Anklage vor Pilatus wird zur Erwägung aufgefordert: Merke hier die Unschuld des Herrn. Erst bezeuget sie Judas nach seiner Reue: Ich habe gesündigt, daß ich unschuldig Blut verrathen habe. Darauf erklärt Pilatus: Ich finde keine Schuld an ihm, da auch sein Weib ihm hatte sagen lassen: Mache dir nichts zu schaffen mit diesem Gerechten, denn ich habe seinetwegen Vieles im Traume ge=
litten. Alsdann betheuert der reumüthige Schächer: Dieser hat nichts Uebles gethan; ja er fleht zu ihm: Herr gedenke meiner, wenn du in dein Reich kommst. Und endlich zum fünften verherrlicht der heidnische Hauptmann am Kreuze den sterbenden Christus: Wahrlich, dieser Mensch war ein Gerechter, fürwahr Gottes Sohn. Und als der Erlöser gestorben war, und die großen Wunderzeichen bei seinem Tode geschahen, schlugen sogar Viele von denen, welche zuvor „kreuzige ihn" gerufen, sich an ihre Brust und bekannten: Dieser war unschuldig.

Nach Anführung der tröstenden Worte Christi an die tiefbetrübten Frauen: „Töchter Jerusalems, weinet nicht über mich, sondern über euch selber, und über eure Kinder und die großen Plagen, die euch bevorstehen," wird erzählt, wie dieß schon nach 42 Jahren bei der Zerstörung Jeru=
salems durch den Römer Titus in Erfüllung ging, in Drangsalen, Betrübniß und Verwüstung aller Art, „wie sie von Anfang der Welt nie gewesen, und auch nicht sein wird."

Die Erzählung von den entsetzlichen Qualen Christi am Kreuze wird mit folgender Mahnung beschlossen: O andächtige, christliche Seele, gedenke und betrachte, wie große Pein der Herr um deinet=
willen gelitten hat. Erwäge aber auch, welch' großes Herzeleid seine

Mutter Maria empfunden hat, wofür kein Mensch Gott je genug thun kann.

Laß ab von deinem sündlichen Leben, auf daß das bittere Leiden Christi dir bewahrt bleibe und dir an deinem letzten End zum Troste dienen möge. — Dem Vorstehenden fügen wir noch bei vom Palm= sonntag:

Ein Exempel von der großen Kraft der Betrachtung des Leidens Christi.

Cäsarius der Mönch erzählt in seinem Buch der Exempel: Es war in einem Kloster ein geistlicher Mann Prior, der saß einstmals nach dem Essen in seiner Celle und wollte schlafen. Um selbe Stunde, wo er schlief, starb einer von seinen Brüdern und kam zu dem schlafenden Prior, ihn also anredend: Vater Prior, mit eurem Verlaub gehe ich. Da ihn dieser fragte, wohin? antwortete er: Ich gehe zu Gott in die ewige Seligkeit, denn zu dieser Stunde bin ich gestorben. Darauf sprach der Prior zu ihm: Wie mancher vollkommene Mensch muß, wenn er stirbt, durch das Fegfeuer, und kommt selten einer davon, und du willst gleich zu Gott auffahren, wo= her weißt du das und womit hast du das verdient?

Darauf antwortete er und sprach: Ich habe allerweg die Gewohn= heit gehabt, daß ich vor das Crucifix trat und dieses Gebet sprach: Herr Jesu Christe um der bittern Schmerzen willen, welche du meinet= wegen ausgestanden hast am Stamme des heiligen Kreuzes, und sonder= lich und allermeist, da deine heilige Seele von deinem Leibe schied, er= barme dich meiner Seele, wann sie von dem Leibe ausgeht. Darum hat der Herr mein Gebet erhört, denn er ist barmherzig. Da sprach der Prior noch: Wie war dir, als du starbst? Darauf jener ant= wortete: In dem Augenblick meinte ich, die ganze Welt wäre ein Stein und der läge auf meiner Brust, so schwer schien mir der Tod.

An dem heiligen Ostertag.
Aus den vier ältern Plenarien.

Epistel aus St. Paulus I. Corinth. c. V. Brüder feget den alten Sauerteig aus, auf daß ihr ein neuer Teig seid, wie ihr ja un= gesäuert seid; denn unser Osterlamm Christus ist geopfert. Darum werden wir gespeist nicht in der alten Säure, noch in der Säure der Bosheit, sondern in dem ungesäuerten Brode der Reinheit und der Wahrheit.

Evangelium aus St. Marcus c. XVI. In der Zeit als

Christus in dem Grabe lag, kauften Maria Magdalena, Maria Jakobi und Salome Specereien, daß sie gingen und ihn salbten. Und sie kamen früh am ersten Tag nach dem Sabbat, als die Sonne aufging, zum Grabe und sprachen: Wer wälzet uns den Stein von der Thür des Grabes? ꝛc.

Glosse.

Das ist das heilige Evangelium, aus dem wir drei Dinge merken sollen. Zum ersten die göttliche Auferstehung, da heute unser Herr Jesus Christus erstanden ist von dem Tode und die Menschheit wieder angenommen hat, in welcher er starb am Holze des heiligen Kreuzes. Er ist gewaltiglich erstanden und gezieret mit der ewigen Klarheit und Unsterblichkeit, wie St. Paulus zu den Römern (c. VI.) spricht: Christus ist auferstanden und stirbt nimmer. Der Tod hat keine Gewalt über ihn. Also werden auch alle Menschen auferstehen von dem Tode mit ihren Leibern an dem jüngsten Tage. Unsere Leiber seien ja, sagt Augustinus, derselben Natur, doch einer andern Ehre. Wer nun in dieser heiligen Zeit mit Christo gestorben ist, indem er sein Leiden geistlicher Weise getragen hat in seinem Herzen, der soll auch fröhlich mit ihm auferstehen von seinen Sünden, und wie Christus nicht mehr stirbt, also sollen wir festen Willens sein, nicht mehr zu sündigen, wie St. Paulus sagt: Christus ist erstanden, also sollen auch wir ein ganz neues Leben beginnen. Wie das beschaffen sein soll, das lehret uns Paulus heut in der Epistel: Werfet von euch den alten Sauerteig der Sünde, auf daß ihr ein reines Osterbrod seid, denn es soll heut Niemand zu dem süßen Himmelsbrod des wahren Leichnams Christi gehen, der heute auferstanden ist. Der Mensch soll noch heute die alte Sauerkeit der Sünde in seinem Herzen beichten, denn wer die Sünde wissentlich nicht beichtet oder einen bösen Willen hat zu sündigen, der ist nicht würdig des Himmelsbrodes. Ein wenig Sauerteig macht ja den ganzen Teig sauer, so daß ein kleiner Haß in eines Menschen Herz alle seine guten Werke verdirbt. Darum ermahnt auch Paulus: So prüfe sich also ein jeglicher Mensch selber, wie er den neu erstandenen Leichnam Christi würdig empfange, was nur der kann, welcher in seinem Herzen rein von allen Sünden ist. Desgleichen auch Matthäus (c. 5) schreibt: Selig sind die reinen Herzens, denn sie werden Gott schauen.

Zum andern sollen wir hier lernen, wie wir unsern Herrn Jesum den Gekreuzigten gleich diesen drei Marien mit köstlichem Wohlgeruch salben sollen. Von Maria Magdalena sollen wir lernen den großen Fleiß und die große Liebe, mit der sie Gott den Herrn gesuchet hat.

Als die Jünger weggingen, da blieb sie bei dem Grabe, weßhalb sie, wie St. Gregor spricht, ihn auch zuerst gesehen hat. Die Kraft der Liebe suchet dich auf. Darum sollen wir allezeit treu zu den Füßen Christi niederfallen mit Salben der Innigkeit und Reue. So steigt der Wohlgeruch der Reue in Süßigkeit zu Gott und erwirbt uns Gnade. Von Maria Jakobi sollen wir lernen den Sünden zu widerstehen, denn Jakob bezeichnet einen Kämpfer und Fechter. Wir sollen allezeit gegen die Sünden kämpfen; denn wer das Himmelreich besitzen will, der soll ohne Unterlaß darnach ringen, es mit Gewalt an sich reißen, wie schon Dichter gesagt haben: Du sollst fürs Vaterland kämpfen. Von der dritten Maria sollen wir lernen, daß wir wahre Hoffnung haben Gnad zu erwerben, denn Salome bedeutet eine Frau der Gnade; besonders sollen wir nach der Gnade und Kraft streben gegen die Untugend des Zweifels, der uns den ewigen Tod bringt, während die Hoffnung uns das ewige Leben bringt. Darum sollen wir mit David sprechen: Herr ich hoff' zu dir, und darum werb' ich nicht zu Schanden werden. Und nach St. Paulus sind die drei höchsten Güter: Glaube, Hoffnung und Liebe, die Liebe aber die Königin der Tugenden. Wer nun mit diesen drei Marien Jesum suchen will, der wird ihn finden.

Zum dritten sollen wir heut lernen, wie wir unsern Herrn suchen sollen. Das lernet von Marcus, der im verlesenen Evangelium spricht: In Galiläa werdet ihr ihn sehen. Galiläa aber heißt zu deutsch Ueberfahrt. Wer also Jesum suchen will, der muß überfahren, d. i. er soll sich aller Creaturen erledigen, ein von bösen Gedanken gereinigtes Herz haben, also daß ihm diese Welt abgestorben ist und er Gott allein lebe; denn nur der wird Gott schauen, der eines reinen Herzens ist. Solchen verhieß auch der göttliche Heiland: **Ihr sollt mich sehen, und euer Herz wird mit Freude erfüllt werden.** Daß wir also diese österliche Zeit würdig begehen, und mit den drei Marien ihn fleißig suchen, gnädiglich finden und bei ihm bleiben mögen, dazu verhelfe uns der Vater, Sohn und heilige Geist. Amen.

Glosse aus den jüngern Ausgaben.

Das heutige Evangelium enthält besonders drei Artikel, die wir uns als Lehre zu Herzen nehmen sollen. Das erste ist der ernste Fleiß, den die andächtigen Frauen bewiesen, indem sie den Herrn suchten. Das andere die wahrhafte Auferstehung des Herrn, so die Engel verkündeten. Das dritte der große Trost, da der Engel sprach: Saget dieß seinen Jüngern und Petro.

Zum ersten, von dem großen Fleiße der Frauen: Sie kauften

Salben und kamen früh um Sonnenaufgang zum Grabe. Warum suchten denn die Frauen den Herrn? Die Juden hatten eine Gewohnheit, daß beim Tode eines Edlen oder Reichen die nächsten Freunde den Körper des Verstorbenen mit kostbaren Salben einrieben, daß er nicht übel riechen oder nicht von den Würmern verzehrt werden, oder nicht zu bald verwesen sollte. Aus solcher Ursach kamen diese Frauen, die alle Maria hießen, und bereiteten köstliche Salben, um ihren Herrn zu salben, den sie am jüngsten Freitag so unverschuldet, so schmählich und schändlich sterben sahen. Der Evangelist nennt Maria Magdalena zuerst und zwar darum: Sie suchte den Herrn am allerfleißigsten, womit sie wohl bewies, wie überschwenglich groß ihre Liebe war. Denn als die Frauen vor dem Engel erschracken und fort gingen vom Grabe, verharrte Maria Magdalena daselbst, den Herrn suchend. Darum fand sie ihn auch zuerst, der sie bei ihrem Namen nennt, obschon sie ihn nicht erkennt und für den Gärtner hält. Als aber die drei Frauen mit einander zur Stadt gingen, da erschien ihnen der Herr auf dem Wege und befahl ihnen, seine fröhliche Auferstehung den Jüngern zu verkünden.

Die Ursache solch allerfleißigsten Suchens Mariä Magdalenä war eine vierfache. Zuerst weil der Herr sie von sieben bösen Geistern, d. i. von den sieben Todsünden erlöst hat. Zum andern weil der Herr ihr alle Sünden verziehen hat. Zum dritten, weil Jesus ihren Bruder nach vier Tagen aus dem Grabe erweckt und sie wunderbar erquickt hat. Zum vierten, weil der Herr sie im Hause Simons des Pharisäers, vor ihrer Schwester Martha, und vor seinen Jüngern namentlich vor dem Verräther Judas wegen Ausgießung der kostbaren Salben entschuldigt hat. Die zwei andern Marien waren dazu auch verpflichtet, da sie Schwestern der Jungfrau Maria, seiner lieben Mutter, waren.

Hier kann man fragen, warum nicht auch die Mutter des Herrn mit jenen Frauen den Leib Christi salbte? Das geschah, wie St. Bernardus und St. Anselmus lehren, aus zweierlei Ursachen. Die erste Ursach war ihre Betrübniß und Herzeleid, indem ein Schwert durch ihre Seele ging, so daß sie vor Ohnmacht und Thränen nicht zum Grabe gehen konnte. Die andere Ursach war die, daß Maria, die Mutter des Herrn, standhaft und fest im Glauben war, daß der Herr am dritten Tage von dem Tode auferstehen würde, als die Jünger und die Frauen noch nicht daran glaubten, sintemal sie am Freitag sein schmähliches Leiden und Sterben gesehen hatten. Auch wußten sie wohl, wie ungnädig und unbarmherzig der Leichnam Christi behandelt worden, daß er keinem Menschen mehr glich. Darum konnten sie schwer an seine Auferstehung glauben, hingegen Maria, die Mutter Christi, fest glaubte.

Nach St. Gregorius deuten diese edlen und innigen Frauen

mit ihren kostbaren Specereien am frühen Morgen auf die guten Werke, welche wir in früher, blühender Jugend, und nicht erst im dürren Alter dem Herrn darbringen sollen. Wer sich aber versäumt habe, der suche den Herrn noch am Mittag, in der Mitte seines Alters, oder vergesse ihn doch nicht des Abends oder zur Vesperzeit, sondern gehe mit den zwei Jüngern nach Emaus.

Der anber Artikel betrifft die wahre Auferstehung Christi unsers Herrn, indem der Engel sprach: Ich weiß, ihr suchet Jesum von Nazaret, den Gekreuzigten, der ist auferstanden, und nicht hier. Und sie fanden Niemand im Grabe, nur das Tuch, mit welchem der Herr umwunden, und das Schweißtüchlein, so um sein heilig Haupt gebunden war, wie man heut in der Sequenz singt: „Ich habe die englischen Zeugen, die Kleider und das Schweißtuch gesehen."

Der dritte Artikel verkündet den großen Trost, da der Engel sprach: Saget es seinen Jüngern und dem Petrus, womit er sagen wollte, die Auferstehung des Herrn soll man verkündigen allen Jüngern Jesu Christi und allen frommen andächtigen Menschen, welche die Gebote ihres Herrn befolgen, zum Troste und zur Auferstehung aus aller Betrübniß in das ewige Leben. Hier kann man fragen, warum den Frauen anbefohlen ward, vor Allem die Auferstehung des Herrn zu verkünden. Nach dem heil. Hieronymus darum: wie der Tod zu dem ersten Menschen von der Frau (von Eva) kam, also war es billig, daß auch zu allererst die Auferstehung und das Leben uns durch die heiligen Frauen verkündet ward. Warum aber soll die Auferstehung des Herrn St. Petrus verkündet werden? Wohl aus dreierlei Ursachen. Nach St. Gregorius zuerst beßhalb, damit Petrus nicht kleinmüthig werde, da er sich in jener Nacht so gräßlich vermessen hatte zu betheuern, er werde bis in den Tod bei dem Herrn bleiben, so er ihn doch sobald in der Noth verleugnet hat. Hätte er nicht Petrus ausdrücklich genannt, so hätte er sich vielleicht so sehr geschämt, daß er nicht glaubte wiederkommen zu dürfen. Die andere Ursach liegt in der dem Petrus übertragenen Würde und Herrschaft, als dem Fürsten der Apostel, den andern Aposteln gleich als Mitbrüdern. Die dritte Ursache ist, weil Petrus einen bedeutet, der sich selber kennt, womit uns also die Lehre ertheilt wird: Wenn wir den Herrn suchen und finden wollen, so müssen wir uns selber erkennen, wo, wie und was wir seien. Darum nannte der Herr Petrum und auch der Engel als einen Fürsten, und die andern als Mitbrüder.

Der Engel sprach: Fürchtet euch nicht, als wollte er sagen: Warum fürchtet ihr euch, da ihr doch eure Mitbrüder seht? Dieß sollen wir

merken, daß wenn sich einem ein guter Engel naht, so erschreckt er zu=
erst, dann tröstet und stärkt er, und am Ende erfreut er, wie damals,
da der Engel Maria die hohe Botschaft brachte. Ganz anders thut
der böse Engel; wer sich seinem Willen fügt, den erfreut er zuerst,
dann aber betrügt er ihn, und zuletzt betrübt er ihn. Also hat er
unsern Eltern im Paradieß gethan.

Ein Exempel von einem verlaufenen Mönche.

Gott ist barmherzig über die Maßen und verzeiht gern die Sün=
den nach wahrer Reue, lauterer Beicht und vollkommener Buß. Gott
der Herr ist aber gerecht, daß er das Böse nicht ungestraft dahin gehen
läßt, wie er stets bewiesen und täglich beweist. So erzählt das Buch
der Exempel von Cäsar (von Heisterbach) von einem Jüngling aus ade=
ligem Geschlecht, welcher einen Bischof zum Verwandten und Freunde
hatte. Da dieser Jüngling wohl durch Einsprechungen Gottes zum
festen Vorsatz kam, in einen geistlichen Orden zu treten, und man ihn
von seinem Vorhaben durch keinerlei Einsprache abbringen konnte, ward
er in einem Kloster St. Bernards Orden eingekleidet, und nach zwei
Jahren zur priesterlichen Würde erwählt. Da ward er aber durch Ein=
gebung des alten Feindes zu bösen, sündlichen Werken verführt, trat
aus dem Orden und ward ein unkeuscher Mensch, ein Spieler, Raßler,
ein Gotteslästerer mit andern damit zusammenhängenden Lastern. Zu=
letzt ward er ein Räuber und Mörder, ja so unbarmherzig, das Blut
der Menschen auch dann zu vergießen, wenn seine Gesellen Jemand
losließen, dann mußte dieser doch des unseligen Guts und Gelds
wegen unter seinen Händen sterben. Da man endlich der Bande auf
die Spur kam, überfiel man sie: manche wurden erschlagen, etliche ge=
fangen, andere schwer verwundet, und jener selbst bis auf den Tod
blessirt entkam wohl nur durch Gottes Barmherzigkeit, und floh in das
nächste Dorf.

Kaum hatte er sich erhoben, so ging er zu dem Pfarrer, und
bat ihn um Gottes willen, seine Beicht zu hören. Als dieser nun
aus der Beicht vernommen, daß jener ein ausgesprungener Mönch sei
und so viel Blut vergossen, meinte er, es bedürfe päpstlicher Dispens
dazu, und wollt ihn nicht absolviren. Da dieser Uebelthäter aber
merkte, daß ihm der Tod nahe, und er nicht mehr Buß üben könnte,
so bat er den Priester mit hitzigem Ernst, daß er ihm eine Buß für
das Fegfeuer auferlegen mög, um nicht auf ewig verdammt zu werden.
So aber der Pfarrer noch unerfahren der heiligen Schrift ihm ant=
wortete, daß er ihn auf keinerlei Weise absolviren wollt, da hiezu höhere
Gewalt gehöre, so sprach der sterbende Mensch: Für die Todesgefahr

hätte er wohl Gewalt, sintemal der allmächtige Gott durch den Prophet Ezechiel also gesprochen: Zu welcher Stund' der Sünder erseufzet über seine Sünde und sich mit reuigem Herzen von der Ungerechtigkeit zur Gerechtigkeit wendet, werde ihm Gott seine Sünd' vergeben und derselben nimmermehr gedenken. Auch habe ich St. Augustin's Spruch gelesen: Wenn ein Mensch aller Menschen Sünd vollbracht hätte und sie bereuet und aufrichtig beichtet, Gott sie ihm vergeben wolle. Darum will ich an der Barmherzigkeit Gottes nicht verzweifeln und mir selber die Buß auflegen: Zwei Jahre hab ich in solchem Lasterleben gesündigt, dafür setze ich mir zweitausend Jahr im Fegfeuer zur Buß, dort für meine Sünd' zu büßen, auf daß sich Gott nach dieser langen Buß meiner erbarmen und mich nicht ewig verdammen wolle. Damit bat er den Priester um Pergament und Tinte, um Alles dem Bischof, seinem Verwandten, kund zu geben; den Brief solle er diesem überantworten. In diesem hatte er den Prälaten gar inständlich gebeten, Gott den Herrn für ihn zu bitten, daß er ihm nach seiner großen Güte und Barmherzigkeit vergönnen möge, im Fegfeuer für seiner Sünden Menge genug zu thun. Und damit gab er seinen Geist auf.

Nachdem der Bischof den Brief empfing und das sündhafte Leben seines geistlichen Anverwandten erfuhr, ward er selber von großer Furcht erfüllt, ob jener nicht vielleicht in Verzweiflung gefallen wäre, und bat ein ganzes Jahr mit allen untergebenen Priestern für sein Seelenheil. Nach Verlauf desselben erschien der Verstorbene in großer Betrübniß, dem Bischof Dank zu sagen, daß er so herzinnig für ihn gebetet. Da fragt ihn der Bischof, welch' Urtheil Gott über ihn gefällt, und antwortete dieser, daß Gott ihm große Gnade erwiesen, besonders darum, weil er zuletzt so bittere Reue über seine Sünden gezeigt und doch auf Gott den Herrn so fest vertraut habe, sich selbst auch solch' schwere Buße für das Fegfeuer auferlegt habe, die er auch vollbringen müsse. Dieweil aber der Bischof und seine Priesterschaft ein ganzes Jahr lang für ihn gebetet, so hätte Gott der Herr selbig Jahr für ein Tausend Jahr gerechnet, und wenn der Bischof noch ein Jahr für ihn bete, so würde er erlöst. Der Bischof, ein treuer, barmherziger Freund, that dieß mit Freuden, und als er nach Ablauf des Jahres Meß gelesen hat und der Gewohnheit nach am Ende das Evangelium Johannis sprach: Initium sancti evangelii sec. Joannem, da sah er die Seele seines Freundes am Altare stehen, sprechend: Gloria tibi Domine. Nach diesen Worten dankte er dem Bischof mit großer Rührung und sprach: Um eures Gebetes willen hat Gott die 2000 Jahre in zwei Jahre umgewandelt; ich bin jetzt erlöst von aller Pein und gehe nun in die Freude meines Herrn ein; darnach sah er ihn nicht mehr.

An dem heiligen Pfingsttag.
Aus den vier ältern Plenarien.

Die Epistel aus der Apostelgeschichte c. II. In der Zeit, als der Tag des Pfingstfestes angekommen war und alle Jünger beisammen waren in derselben Stadt, entstand plötzlich vom Himmel ein Brausen wie eines herabkommenden heftigen, gewaltigen Windes, der das ganze Haus erfüllte, wo sie saßen. Und es erschienen ihnen feurige Zungen zertheilt, und sie ruhten auf einem Jeden von ihnen. Und sie wurden Alle vom heiligen Geiste erfüllt 2c.

Das Evangelium aus St. Johannes c. XIV.: In der Zeit sprach Jesus zu seinen Jüngern: Wer mich liebet, der hält meine Worte; und mein Vater wird ihn lieb haben, und wir werden zu ihm kommen und Wohnung bei ihm nehmen. Wer mich nicht liebet, der hält auch mein Wort nicht, denn meine Rede ist nicht mein, sondern die meines Vaters, der mich gesandt hat. Das habe ich euch gesagt, da ich bei euch bin. Der Tröster aber, der heilige Geist, den der Vater senden wird in meinem Namen, der wird euch Alles lehren und an Alles erinnern, was ich euch gesagt habe 2c.

Glosse.

Das ist das heilig Evangelium, daraus wir drei Dinge merken sollen, zum ersten, daß unser Herr hier den Nutzen vorhergesagt hat, den wir von dem Worte Gottes haben, so er spricht: Wer mich liebt, der hält meine Worte. Es ist ja ein gemeines Sprichwort: wer den andern lieb hat, der hört gern von ihm reden. Die größte Liebe aber, die wir haben sollen, ist, daß wir Gott lieben von ganzem Herzen und von ganzer Seele, denn das ist auch das höchste Gebot. Hast du ihn also lieb, so ist es ein Zeichen, daß du seine Worte gern hörest. Da sollst du eilen und sprechen: Was ich da höre, ist ein Zeichen des großen Königs. Und thun wir dieß, dann spricht er zu uns: Selig sind, welche das Wort Gottes hören und behalten. Darnach sollen wir einen weitern Nutzen des Wortes Gottes merken, daß der Mensch, der da todt ist in Sünden, durch das Wort Gottes geistig wieder lebendig wird, wie St. Johannes schreibt: Wer meine Worte bewahrt, wird in Ewigkeit nicht sterben. Dieß erkannte auch schon David, indem er bat: Herr mache mich lebendig nach deinem Wort. Auch erleuchtet das Wort Gottes den Menschen in göttlicher Liebe: Dein Wort ist eine Leuchte meinen Füßen. Zugleich entzündet das Wort Gottes den Menschen und bringet Früchte, das ist Hoffnung, so ja David spricht: Herr gedenke deines Wortes, das du gethan hast deinem Knechte, als du mir Hoffnung gegeben hast. Endlich vermehrt das Wort Gottes sich zu Tausenden gleich dem Samen und machet gesund, indem es den erschrickt, welcher in Sünden lebt. So bekannte David: Mein Herz erschrickt vor deinem Wort; durch dasselbe sind die Himmel geschaffen. Wer nun das Wort Gottes nicht gerne hört, von dem so viel Gutes kommt, hat in sich ein Zeichen, daß er weder Gott noch sich selber liebt. Denn wer in sich selber bös ist, wem möchte der gut sein? Darum spricht auch König David: Ich will hören, was unser Herr durch mich spricht.

Zum **andern** sollen wir merken, wie wunderbar Gott heute seinen Jüngern den heiligen Geist gesandt hat in feurigen Zungen durch zweierlei Sachen. Zum ersten mal, daß sie gleich in der Liebe brannten wie das Feuer alle Dinge bricht und brennt. So verbrannte das Feuer des heiligen Geistes in ihnen alle Furcht, entzündete ihre Herzen, daß sie weder König noch Kaiser fürchteten. Da erfüllte sich die Verheißung des Erlösers: Ich bin gekommen ein Feuer auf Erden zu entzünden, und wie wünsche ich, daß es brenne! Zum andern mal in Zungen, weil das Wort durch die Zunge vermittelt wird. Gott sandte den heiligen Geist in feurigen Zungen, daß sie in Liebe brennen und in Worten Ueberfluß hätten. Was ist nun der heil. Geist? Er ist die dritte Person in der heiligen Dreifaltigkeit, der alle Dinge zum besten befestigt, der ist heut den Jüngern gesandt und kommt alle Zeit in eines jeglichen Menschen Herz, das sich für ihn bereitet, wie St. Augustinus sagt: Es nützt nichts, daß der Lehrer äußerlich predigt, wenn der heilige Geist nicht in unseren Herzen ist und das wahre Verständniß gibt. Zum britten mal sollen wir merken, daß der heilige Geist gesehen ward bei der Taufe des Johannes über Jesu in der Gestalt einer Taube. Damit ist angezeigt, daß alle, welche den heiligen Geist empfangen wollen, die Tugend der Taube an sich haben sollen, die siebenfach ist: **ohne Galle**, weßhalb auch der Mensch ohne Haß sein soll; **niemanden verletzet mit Schnabel oder Klau**, darum derjenige, welcher den heiligen Geist empfangen will, Niemand mit Worten oder Werken verletzen, sondern alleweg die Furcht Gottes haben soll, welche der Anfang der Weisheit sei. Drittens, daß die Taube andere junge Tauben, die bei ihr sind, so nähret, als seien sie die ihrige gewesen. Also soll auch der Mensch gegen den Nächsten barmherzig sein, wie es Noth thut nach seinem Stande, dann empfängt er den Geist der Vorsicht. Die vierte Tugend der Tauben ist ihr anhaltendes Girren. Also soll der Mensch allezeit mit Reue über die Sünde schreien, um den Geist des Rathes zu empfangen. Zum fünften sitzet die Taube gern beim Wasser, damit sie darin den Flug des Habichts oder des Falken erkenne. Also soll der Mensch allezeit auf seiner Hut stehen gegen den Teufel, wo er dann den Geist der Stärke empfängt. Zum sechsten nistet die Taube gern in Steinen. Darum soll auch der Mensch gern wohnen in den Höhlen des wahren Steines Jesu Christi, das sind die fünf Wunden, in welchen der Mensch den Geist der Weisheit empfängt. Endlich nährt sich die Taube von der Frucht und lieset auf das Korn und sonst keinerlei von Würmern oder vom Blute, was andere Vögel thun. Deßhalb soll auch der Mensch, der die Gnade des heiligen Geistes empfangen will, sich von seiner Arbeit nähren und Niemands Gut begehren noch nehmen, wie die Gebote Gottes sagen, dann empfängt er den Geist des wahren Verständnisses. Davon sprach schon David: Du sollst essen von der Arbeit deiner Hände, dann wirst du selig sein.

Daß wir nun das Wort Gottes hören und behalten, daß uns das Feuer des heiligen Geistes unsere Herzen erleuchte und entzünde, daß wir in Einfalt und Lauterkeit also mit den Tauben leben, daß die wahre Taube des heiligen Geistes zu uns komme und ewig bei uns bleibe, dazu helf uns der Vater, der Sohn und der heilige Geist.

Glosse aus den jüngern Ausgaben.

Auf diesen hochzeitlichen Tag der Pfingsten begehen wir das Gedächtniß des heiligen Geistes, als er den Jüngern gesandt ward, wie ihnen verheißen war. Und des heutigen Evangelii Anfang ist die Liebe.

Nun wir den heiligen Geist empfangen wollen, müssen wir vor Allem die Liebe haben, denn Niemand kann ohne die Liebe selig werden. Auch gibt der Herr zu erkennen, welche Menschen ihn lieb haben, so er spricht: Wer mich liebt, der hält mein Wort, und wer mich nicht liebt, der hält auch meine Gebote nicht; und wer mich liebt, der liebt auch meinen Vater, und so werden wir zu ihm kommen und Wohnung bei ihm nehmen. Erwäget, was kräftige Worte dieß sind, und Christus darin die ganze heilige Dreifaltigkeit berührt, und jegliche Person insbesondere. Auch beweiset Jesus Christus unser Herr hier seine große Demuth darin, daß er bekennt: Das Wort, das ihr gehört habt, ist nicht mein, sondern des Vaters, der mich gesandt hat. Mögen wir diese Dinge zu unserer Belehrung und Unterweisung merken, insbesondere, daß unser lieber Herr Jesus nicht minder ist als der Vater und heilige Geist. Nur nach seiner Menschheit ist er geringer, obschon auch darin hoch geehrt, weil er von dem heiligen Geist in dem reinen keuschen Leib der Jungfrau Maria empfangen ward, und die menschliche Natur von Gott geschaffen ist. War auch die Menschheit Christi sterblich und leidensfähig, so ist dagegen die mit ihr vereinte Gottheit ewig, nicht leidensfähig, darum hat die Menschheit Christi gelitten und ist für uns gestorben, nicht die Gottheit.

Der Herr sprach weiter in dem Evangelio: Alles dieses hab' ich euch gesagt, da ich bei euch bin, womit er sagen wollte: Alles was ich jetzt mit euch red', ist euch noch schwer zu behalten, aber der Tröster, der heilige Geist, den der Vater in meinem Namen senden wird, der wird euch alle Dinge lehren. Der Herr sagte zugleich: den Frieden geb ich euch, meinen Frieden laß ich euch, nicht wie die Welt ihn gibt, denn diese gibt nur den zeitlichen, mein Friede aber ist ewig. Da möchte nun Jemand fragen, welchen Frieden hatten wohl die Jünger, da sie so heftig verfolgt und zuletzt zu Tode gemartet wurden? Wir haben hier zu merken, daß es dreierlei Frieden gibt. Den Frieden des Herzens, den Frieden der Zeit, und den Frieden der Ewigkeit. Den Frieden des Herzens hatten die Jünger; den Frieden der Ewigkeit empfingen sie sicher; nur den Frieden der Zeit, den weltlichen Frieden, hatten sie nicht, sie sollten ihn auch nicht haben, da ihn auch ihr Herr und Meister nicht hatte, und der Jünger nicht über dem Meister ist. Darnach sprach der Herr weiter: Euer Herz werde nicht betrübt, und fürchtet euch nicht, denn ich sage, ich gehe und komme wieder; da ich zum Vater gehe, sollet ihr euch billig freuen, denn der Vater ist größer als ich. Und wenn dieß geschehen wird und ihr mich in den Himmel auffahren seht, werdet ihr noch fester meinen Worten glauben, zumal ich euch den Tröster, den heiligen Geist, senden werde. Auch ist der Fürst dieser Welt, der Teufel, der die Welt so lange regiert, schon gerichtet, wie er auch an mir nichts ausgerichtet hat, da ich dem Willen meines Vaters gemäß gehorsam bis zum Tode war.

Wenn wir nun den heiligen Geist empfangen wollen, dann müssen wir vier Dinge an uns haben. Das erste ist die Eintracht und Sicherheit des Herrn, wie man von den Aposteln liest: Sie waren eine Seele und ein Herz zu dem Herrn. Wir müssen dann aber auch allen Zorn und Neid aus unserm Herzen verbannen, denn der heilige David sagt: des heiligen Geistes Wohnung will den Frieden, und darum gefällt treu Ding dem heiligen Geist, schreibt Salomon. Doch das erste ist Einigkeit der Brüder, wenn einer den andern liebt, die Frauen in dem Sacrament der Ehe einig leben. Zum andern müssen wir, um den heiligen Geist zu empfangen, demüthig sein. Denn da der Prophet Jesaias ruft: Auf wem wird der heilige Geist ruhen? bekommt er die Antwort vom Herrn: Auf dem Demüthigen. Und die göttliche Gnade hat nach St. Bernardus einen besondern Verkehr mit der Demuth. Zum dritten müssen wir abgeschält sein von der Lust dieser Welt, denn da die Jünger den heiligen Geist empfingen, waren sie in einer abgesonderten, heimlichen Stätte in Jerusalem, wie die heutige Epistel erzählet. Dort wurden sie **plötzlich** aufgeschreckt durch ein **heftiges Brausen des Windes**, in welchem der heilige Geist herabkam. Er erschien also zum Zeichen, daß er die Gewaltigen straft, ihre stolzen Werkzeuge zertrümmert; und er kam **schnell**, um die Herzen der Betrübten zu erfreuen. Da also der heilige Geist auf die Jünger kam, da sie in der Abgeschiedenheit waren, so wird er auch nur den Zurückgezogenen zu Theil. Zum vierten müssen die, so den heiligen Geist empfangen wollen, andächtig im Gebete sein, denn er kam auf die Jünger, als sie beteten, und ebenso auf den Herrn in Gestalt einer Taube, als er vor der Taufe betete. Und vor Allem sollen sie die göttliche **Liebe** haben, wie uns der Herr in dem heutigen Evangelium lehrt: Wer mich liebt, liebt auch den himmlischen Vater, da die Liebe das Band der Vollkommenheit ist. Man liest von Studenten in Athen, welche ihren Meister baten, daß er ihnen von der Liebe schreiben sollte, wie sie verstanden werden müsse. Da ließ der Meister einen schönen Löwen malen, der am Halse einen goldenen Brief trug, worin geschrieben war: Die Liebe vollbringt nichts, was den Menschen nachher gereuet! Ein anderer Brief hing dem Löwen aus dem Munde, darin stand: Die rechte Lieb macht froh und erfreuet viele Menschen. Auch hatte der Löwe die Stellung zum Sprunge mit großer Freude und absonderlichen Geberden. Unter diesem Löwen ist geistlich **Christus der Herr** zu verstehen, der Löwe aus dem Stamm Juda. Auch heißt er darum Löwe, weil er am dritten Tage seine Auserwählten aus der Vorhölle auferweckte, wie der natürliche Löwe seine Jungen, die er mit seinem grausamen Gebrüll zum Leben ruft, die er todt geboren. Wenn jener Brief am Halse des Löwen besagte, die rechte, wahre Liebe thut nichts, was den Menschen gereue, so gilt dieß besonders von Christus dem Herrn, da er seines Vaters Reich verließ und über 30 Jahre bei uns war, was schon der Prophet **Baruch** verkündet hat: Er ist auf dem Erdreich gesehen worden, ist unter den Menschen gewandelt, und hat es nicht bereuet. Noch bestimmter bezeugt dieß der Evangelist, der von ihm erzählt: Er predigt und zeiget uns die Wahrheit, machet die Kranken gesund und hat keine stete Herberg, sondern ziehet von Ort zu Ort; er ist um unsertwillen gestorben, hinabgefahren zu der Hölle, und hat keine Reue gehabt, bis daß er zu seinem himmlischen Vater kam. Darum wird Christus mit Recht Löwe genannt, der da einen Sprung that aus dem Schoße des Vaters in dieses Jammerthal, damit er Juden und Heiden erfreuete, was alsbald der Engel ausrief: **Ich verkünd' euch eine große Freud'.** Und was hat der Herr für Freude auf die Erde gebracht, indem er unzählige Kranke gesund machte an Leib, die Sünder an der Seele; Gläubige wie den Longinus und den Schächer am Kreuze ermuthigte, den in der Vorhölle Harrenden ihre Sehnsucht erfüllte, und sie in das Reich seines Vaters führte. Dahin wolle auch uns hinfüro unser König, Führer und Erlöser geleiten. Amen.

An dem Sonntag der heiligen Dreifaltigkeit
aus den ältern und jüngern Plenarien.

Die Epistel aus ad Rom. c. XI.: O Tiefe des Reichthums, der Weisheit und Erkenntniß Gottes! Wie unergründlich sind seine Gerichte und unerforschlich seine Wege; denn wer hat die Beschlüsse des Herrn erkannt? 2c.

Das Evangelium aus Joh. c. III. In jener Zeit war ein Mann, Nicodemus genannt, der kam bei Nacht zu Jesu und sprach zu ihm: Meister, wir wissen, daß du ein Lehrer bist, von Gott gekommen, denn Niemand kann die Zeichen thun, welche du thust, es sei denn Gott mit ihm. Da antwortete ihm Jesus: Wahrlich, wahrlich ich sage dir, wenn Jemand nicht von Neuem geboren wird, so kann er das Reich Gottes nicht schauen 2c.

Glosse in den ältern Ausgaben.

Das ist das heilig Evangelium, in welchem wir hohe Gedanken von der unbegreiflichen Dreifaltigkeit finden, wozu St. Hieronymus anmerkt: Große Dinge können kleine Geister nicht fassen. Nun gibt es in der That nichts Größeres im Himmel und auf Erden als das Bekenntniß der heiligen Dreifaltigkeit, wie St. Augustinus sagt, wenn man nach der Ewigkeit der heiligen Dreieinigkeit des Vaters, des Sohnes und des heiligen Geistes suchet und fraget. Darum ist es dem Menschen besser und sicherer nicht wissen zu wollen, als daß er zu tief davon denkt. Auch gibt es keine größere Arbeit als dieses Geheimniß erforschen und begreifen zu wollen. So denkt auch St. Paulus, der bis in den dritten Himmel entrückt war, und in dem Paradies darin viel Verborgenes gesehen, das für Menschen unaussprechlich sei, und darum voll Bewunderung ausrief: O Tiefe des Reichthums der Weisheit und Erkenntniß Gottes! Deßhalb ist es nicht gut, daß der Mensch zu viel und zu tief nach der heiligen Dreifaltigkeit grübelt, und ist zu rathen, in Einfalt zu glauben, daß Vater, Sohn und heiliger Geist ein wahrer Gott und eines Wesens sei. Haben ja auch die heiligen Väter das tiefe Geheimniß nur in Bildern und Gleichnissen zu erklären versucht. Und daß wir in wahrem Glauben an die heilige Dreifaltigkeit befestigt werden mögen zum ewigen Leben, dazu verhelfe uns der Vater, Sohn und heilige Geist. Amen.

Gloffe der jüngern Ausgaben.

Das Fest der heiligen Dreifaltigkeit sollen wir mit großer Ehrfurcht begehen aus nachfolgenden Ursachen.

Zum ersten ist zu merken, daß die heilige christliche Kirche in dem Advent vor Weihnachten das Fest Gottes des Vaters in der Ewigkeit feiert, wie sein Sohn von Ewigkeit her von ihm ausgegangen, durch die Propheten seit langem vielfach und deutlich verheißen, und ihn einen Erlöser genannt haben, der dann an Weihnachten der Welt geboren worden. Zum andern begeht die christliche Kirche das Fest des Sohnes Gottes unsers Herrn Jesu Christi, das am Tage seiner Menschwerdung und Geburt in dieser Welt beginnt, darauf in den großen Werken seiner Erlösung bis auf den Tag seiner Himmelfahrt fortgesetzt wird, wo geprebigt, gesungen und gelesen wird, wie lieblich er unter uns gleichen gehandelt und gewandelt hat um unser Seligkeit willen. Zum dritten feiert unsere christliche Kirche das Fest des heiligen Geistes zu Pfingsten, als dieser vom Vater und dem Sohne gesandt ward.

Da wir Christgläubigen nun glauben sollen, daß diese drei Personen ein Gott seien, so haltet uns unsere Mutter, die christliche Kirche, die heilige und ungetheilte Dreifaltigkeit vor. Und wie wir unsern Glauben bekennen sollen, davon wird nachher in dem Symbolum St. Athanasii erklärt werden [1]. Schon die heiligen Patriarchen und Propheten haben geglaubt, daß Gott allmächtig und dreieinig in drei Personen sei, aber eins in seinem Wesen. Ein Bild davon haben wir in der Genesis c. XVIII., da Abraham drei sah und doch nur einen anbetete. Das bekannte auch David der königliche Prophet. Darum mögen wir mit ihm sprechen: Gott der himmlische Vater segne uns, es segne uns auch Jesus Christus sein eingeborner Sohn, wie noch der heilige Geist, ein wahrhafter Gott in einem Wesen und in drei Personen, gleich heilig, gleich würdig, den alle Menschen fürchten sollen, denn er wird kommen als strenger Richter.

An diese heilige Dreifaltigkeit sollen wir schlicht und einfältig glauben, und nicht tief grübeln, damit wir nicht in einen Irrsal kommen. Doch mögen wir ein Exempel nehmen an einem springenden Brunnen. Hier sind der Ursprung, das fließende Wasser und die Ansammlung des Wassers breierlei Wesen, aber nur ein Wasser. Dasselbe Gleichniß gilt vom Feuer. Bemerke das Feuer an sich, seine Hitze

---

[1] Nach dieser Gloffe ist das ganze sog. Symbolum Athanasii, Quicunque vult salvus esse vollständig deutsch übersetzt.

und seinen Glanz, also breierlei, und doch nur ein Feuer. Auch wird die heilige Dreifaltigkeit an der Sonne veranschaulicht, indem die Sonne für sich, ihre Hitze und ihr Glanz breifach sind, und doch nur eine Sonne. Aber durch alles dieses wird die Erhabenheit, Tiefe und Würdigkeit des göttlichen Wesens niemals ergründet. Werden auch in der heiligen Schrift Gott dem Vater die Macht und Gewalt, dem Sohn die Weisheit, dem heiligen Geist die Güte, Milde oder Barmherzigkeit zugeschrieben, so sind doch alle gleich mächtig, weise und barmherzig. Fällst du also in Sünde und Krankheit, so sündigest du ganz gleich wider den Vater, von dem du die Macht hast, der Sünde zu widerstehen, wie wider den Sohn, von dem du die Weisheit und Lehre hast, und wider den heiligen Geist, der dir barmherziglich gibt und in sieben Gaben einspricht. Darum sollen wir ehren und anbeten die heilige Dreifaltigkeit in drei Personen und in einem Wesen, gleich mächtig, ohne Anfang und ohne Ende. Amen.

Ein schönes Exempel von der heiligen Dreifaltigkeit.

Als St. Augustinus das Buch von der heiligen Dreieinigkeit schrieb, ging er am Gestade des Meeres in gar ernstliche Gedanken über dieses Geheimniß vertieft, da sah er ein schönes und liebes Kindlein sitzen. Der Gewohnheit der Kinder gemäß machte das Kind eine Grube in den Sand, und trug in einem silbernen Löffel Wasser aus dem Meere in dasselbe. Da nun der hl. Augustinus das Kind so emsig Wasser schöpfen sah, ging er zu ihm, es freundlich grüßend und fragte, was es damit wollte. Das ganze, große Meer in die Grube gießen, gab es zur Antwort. Indem Augustinus lachend zu ihm sprach: O du liebes Kind, wie wolltest du das vollbringen, da das Meer so groß und das Grüblein so klein, und noch kleiner der Löffel ist, mit dem du schöpfest. Darauf sprach dann das Kind: Es ist dir viel unmöglicher, das, was du jetzt denkest, zu ergründen. Als Augustinus darüber erschrocken fragte: ob das Kind wohl wisse, was er denke, antwortete dieses: Du denkest, wie die ganze heilige Dreieinigkeit in ihrem göttlichen Wesen, und wie die Gottheit in dem heiligen Sacrament sei, und da wäre mir eher möglich, das große Meer in dieses Grüblein zu schöpfen, als dir die heilige Dreifaltigkeit zu ergründen. Damit verschwand das Kind; der heilige Mann aber erkannte es als unmöglich, das Mysterium der heiligen Dreifaltigkeit vollkommen zu ergründen.

Ueberrascht und erfreut waren wir, in diesen Glossen den Kern und Angelpunkt der christlichen Moral von der Liebe Gottes und des

Nächsten so eingänglich und so ausführlich als kein anderes Thema
behandelt zu finden, deßhalb lassen wir für diese Auszüge noch folgen:

Den XIII. Sonntag nach dem Fest der heiligen Dreifaltigkeit.

Die Epistel aus Galat. c. III. Abraham sind die Verheißungen
zugesagt und dem, der aus seinem Samen ist. Es heißt nicht wie von
Vielen, sondern wie von Einem, welcher ist Christus ꝛc.

Das Evangelium aus Lukas c. X. In der Zeit sprach Jesus
zu seinen Jüngern: Selig sind die Augen, welche sehen, was ihr sehet.
Denn ich sage euch: viele Propheten und Könige wollten sehen was ihr
sehet und haben es nicht gesehen. — — Und siehe ein Gesetzlehrer kam
her, versuchte ihn und sprach: Meister, was muß ich thun, um das
ewige Leben zu erben? Dieser sprach zu ihm: Was steht im Gesetze?
Da antwortete jener: Du sollst Gott, deinen Herrn von gan=
zem Herzen, von ganzer Seele, aus allen Kräften und
von ganzem Gemüthe lieben, und deinen Nächsten wie
dich selbst ꝛc.

Die Glosse aus den ältern Plenarien.

In dem heiligen Evangelium von heute sollen wir auf drei
Dinge achten. Zuerst, daß unser Herr zu den Jüngern sagte: Selig
die Augen, die meine Menschheit sehen, wornach Propheten und Könige
sich vergeblich gesehnt haben, da auch Jesaias ausrief: Zerreiße o Herr
die Himmel und komme herab, und Jeremias bat: Sende das Lamm,
welches über das Erdreich herrschen soll. Das beweiset uns sattsam,
daß diese und andere Propheten die Ankunft unsers Herrn sehnlichst
begehrten, es aber nicht erreichten, weil seine Zeit noch nicht gekommen
war. Erst die Jünger sahen ihn mit Menschheit und Gottheit. —
Zum andern sollen wir merken, daß der Herr den Gesetzgelehrten
aufforderte aus dem Gesetze anzuführen: Du sollst Gott deinen
Herrn von ganzem Herzen ꝛc. lieben und den Nächsten wie
dich selbst,-und ihm bedeutet: Thue das und du wirst leben.
Zur Erklärung jenes großen Wortes sagte St. Johannes Chry=
sostomus: Wer Gott lieb hat soll keine Lust an Reichthum, Ehren
u. dgl. in dieser Welt haben, sonst habe er Gott nicht wahrhaft lieb.
Das lehrt noch besonders nachdrücklich der hl. Evangelist Johannes:
Also hat Gott die Welt geliebt, daß er seinen eingebornen Sohn da=
hin gab, damit Jeder, der an ihn glaubt, das ewige Leben
habe. Und ebenso betheuerte St. Paulus: Wer kann uns von der
Liebe Gottes trennen: Hunger, Durst, Blöße, Hitze, Frost, Gefahr oder
Verfolgung, das Schwert ꝛc.? Damit will er sagen: Dieß Alles will

ich gerne leiden in der Liebe Gottes. Darin, sagt sodann St. Johannes, bekundet sich auch die Liebe; wir sind's nicht, die Gott geliebt haben, sondern Er hat uns zuerst geliebt. Darum sollen wir jederzeit sprechen: Ich habe Gott lieb und lobe ihn, denn er hat mich zuerst geliebt — geliebt durch Hingabe des Höchsten, was er hat. Zum dritten sollen wir merken auf das Gleichniß von dem Menschen, der auf dem Wege von Jerusalem nach Jericho von Mördern beraubt und verwundet, und nachher von dem barmherzigen Samaritan herzinniglich gepflegt wurde, daß der Gesetzlehrer ihn als den Allernächsten des schwer Kranken erklären mußte. Hier bedeutet Jericho die Welt mit den mannigfachen Räubern, die den Menschen nicht nur berauben, sondern auch an der Seele schädigen, und ihn dann liegen lassen. Da machet uns Niemand gesund als der wahre Samaritan, der da ist Jesus Christus unser Herr, welcher uns den heiligen Lehrern anempfohlen hat, die uns gesund machen, unsere Wunden mit dem Oele seiner Gnaden waschen sollen. Wenn wir uns also von unsern Sünden bekehren, sollen wir der Lehre des Herrn folgen und ihn in seiner Menschheit anschauen, wie er alle Tage mit ausgestreckten Händen am Kreuze hängt und ruft: Komme zurück du gefangene Seele zu dem, der dich geheiligt hat, und der dir das Himmelreich aufgeschlossen hat, darin du ewige Freude genießen sollst.

Laßt uns also unsern Herrn bitten, daß er uns die Gnade verleihe, Ihn und unsern Nächsten also zu lieben, und daß wir dadurch die ewigen Freuden verdienen und nie von Ihm geschieden werden. Dazu verhelf uns Gott Vater, Sohn und heiliger Geist. Amen.

Die jüngern Basler Ausgaben seit 1514 haben zu diesem inhaltschweren Evangelium sieben verschiedene Auslegungen, die mit einem Exempel von einem burgundischen Herzog schließen. Wir geben hier aus der ersten, zweiten und dritten einen Auszug.

Wie Gott geschaut wird.

Selig sind die Augen, welche sehen, was ihr sehet, spricht der Herr. Gesehen wird der Herr von uns auf zweierlei Wegen. Zuerst in diesem Leben; denn hier sehen wir den Herrn in dem Glauben, durch das Leuchten und die Unterweisung der heiligen Schrift, aber unser Sehen ist noch dunkel wie in einem Spiegel. Das Fundament der heiligen Schrift ist das alte und neue Testament; darin erkennen wir Gott den Herrn im Glauben, mit den Augen unsers Herzens, d. i. des Verständnisses. Beide lehren uns, daß ein Gott ist, der Himmel und Erde

und Alles, was darin ist, geschaffen hat, auch daß er Mensch gewor=
den, gestorben, begraben und wieder auferstanden ist. So sehen wir
Gott in diesem Leben, der eine klarer und mit größerem Verständniß
als der andere, und zwar durch drei Tugenden. Die erste ist,
mit reinem Herzen leben, denn der Herr spricht: Selig die reinen Her=
zens sind, sie werden Gott schauen, das ist durch den Glauben hier,
und jenseits von Angesicht zu Angesicht. Die andere Tugend, wodurch
Gott geschaut wird, ist Lesen und Uebung der heiligen Schrift; die
dritte, bemüthiges, andächtiges Gebet mit Ausdauer, denn dadurch wird
der Mensch über sich zu Gott erhoben, und gelangt oft zu so großer
Beschaulichkeit, daß er der zeitlichen Dinge nicht mehr achtet, denn wer
betet, redet mit Gott, sagt der hl. Hieronymus. Solches Gebet ist
Gott angenehm, erweckt oft Thränen der Reue wie bei St. Petrus,
nachdem er den Herrn verläugnet hatte, so bei König David, welcher
bekannte: Alle Nacht wasch' ich mein Bett mit Thränen; die Schmer=
zen meiner Betrübniß stehen immer vor mir. Ich habe mein Brod mit
Asche und meinen Trank mit Thränen vermischt.

Zum andern wird Gott der Herr von uns geschaut nach diesem
Leben auf dreierlei Weise. Zunächst in seiner menschlichen Gestalt, die
er um unsertwillen angenommen hat und wodurch unsere menschliche
Natur so erhoben und verherrlicht, mit der göttlichen Natur vereinigt
worden ist. Darnach werden wir ihn geistig mit den heiligen Engeln
sehen, welche schöner und klarer als die Sonne sind. Aber noch mehr
erglänzt Gott in unbegreiflicher Schönheit und Klarheit, von welchem
Engel und Heilige die ihrige haben. Zum dritten werden wir den
Herrn in nächster Gegenwart und unmittelbar schauen, welches die
größte Freude ist, da wir dort schauen, was in diesem Leben kein Aug'
gesehen, kein Ohr gehört hat und kein Herz denken mag.

Der Herr preist die Augen selig, die sehen, was die Jünger sehen.
Merke hier: auch die Juden und Herodes sahen den Herrn, auch Pilatus
und viele andere, waren aber darum nicht selig. Daraus soll man er=
kennen, daß der Herr nicht alle selig nennen wollte, die ihn leiblich ge=
sehen, sondern nur die, welche ihn sahen und an ihn glaubten und
ihren Glauben durch Werke bethätigen würden. Noch mehr jene,
welche ohne ihn gesehen zu haben glaubten, wie Jesus zu Thomas
sagte: Selig diejenigen, die mich nicht sehen und glauben, womit alle
nachfolgenden Christgläubigen gemeint sind, deren Glaube mit guten
Werken geziert ist. Wer in diesen treu verharrt, der sieht Gott recht.
Wer sich aber von ihm abkehrt und wieder in die Sünde fällt, der sieht
nicht auf Gott, sondern hinter sich, wie Lot's Frau gethan und zur
Salzsäule geworden ist.

Von der Liebe Gottes.

In unserm heiligen Evangelium sind in Sonderheit noch zwei Stücke zu merken. Die Liebe Gottes und die Liebe des Nächsten. Gott sollen wir lieb haben auf viererlei Art; erstens von ganzem Herzen. Das ist, wir sollen unsere Herzen also vereinen für Gott, daß wir über ihn kein Ding setzen, in keinem andern Dinge Ergötzung suchen als in Gott, denn hänge ich mich an andere Dinge, dann lieb ich Gott nicht aus ganzem Herzen. Der beste und rechte Weg zu dem ewigen Leben ist also die Liebe Gottes, denn was der Herr gebeut und rathet, und was wir als seinen Willen erkennen, sollen wir freudig thun, gern erfüllen.

Zum andern sollen wir Gott lieben von ganzer Seele, das heißt, wir sollen so fest in dem christlichen Glauben sein, daß wir dafür zu sterben bereit sein sollen, wo es Noth thut, und zwar gern leiden und sterben unter Marter und Pein mit großer Geduld. Nur wenn ich also gesinnt bin, darf ich sagen: Ich liebe Gott von ganzer Seele.

Zum dritten sollen wir Gott lieben mit allen unsern Gedanken, das ist: daß wir uns allein mit Gott beschäftigen und nicht in unnützen, üppigen Gedanken umherschweifen, und also Gott vergessen. Dabei sollen wir die unaussprechliche Güte und Huld Gottes betrachten, vornehmlich seine große Liebe. Denn er hat uns nach seinem Ebenbilde geschaffen, und alle Creaturen um unsertwillen. Um unsertwillen ist er Mensch geworden und in den bittern Tod gegangen. Und obschon wir in die verschiedenartigsten Sünden fallen, schont er unser und läßt uns nicht, wie wir es verdient, in die Verdammniß fallen.

Zum vierten sollen wir Gott lieben aus allen unsern Kräften, das ist unverdrossen nach unserm Vermögen, mit allen Gliedern, mit allen unsern Sinnen Tag und Nacht, immer und überall den Dienst Gottes oben anstellen.

Und zudem sollen wir Gott aus denselben vier Ursachen lieben, so wir es bei den Menschen thun.

Lieben wir vorerst Jemand darum, weil er von Natur unser angeborner Freund ist, so müssen wir Gott noch mehr lieben, weil er unser Freund, Bruder und Vater, gleich uns Mensch geworden ist. Daß er unser Bruder sei, davon spricht St. Bernardus: Ich weiß, daß Christus unser Fleisch und unser Bruder ist, denn er hat die Menschheit an sich, sein Leib und sein Fleisch ist von unserm Fleisch. Doch fügt der heil. Augustinus bei: Du sollst deinen leiblichen Vater lieb haben, aber Gott den Herrn sollst du vorziehen. Denn liebt Jemand seinen Vater, von welchem er einen Theil seines Leibes hat, um wieviel mehr müssen wir dann Gott lieben, von welchem wir Seele und Leib zugleich haben. Daher sagt derselbe heilige Vater weiter: O lieber Herr, der hat dich nicht ganz lieb, der ein ander Ding liebt, das dich nicht lieb hat.

Zum zweiten wird ein Mensch von dem andern geliebt, weil er sich um ihn verdient gemacht hat. Und hier hat Niemand mehr verdient als unser Herr Christus, der sich selber für uns in den Tod gegeben hat. Zum dritten lieben wir Jemanden, von welchem wir etwas zu erlangen hoffen. Und da können wir von Niemand mehr erwarten als von unserm Herrn; spricht doch St. Paulus: Kein Auge hat es gesehen, kein Ohr es gehört, noch ist es je in ein Herz gedrungen, was Gott denen bereitet hat, die ihn lieb haben. Zum vierten haben wir einen wohl auch lieb wegen seiner Schönheit und Liebenswürdigkeit. Und auch in diesem Betracht verdient Gott über Alles geliebt zu werden, denn David sagt von ihm: Er ist schön über alle Menschenkinder; und seine Liebe übertrifft alle Süßigkeiten dieser Welt. —

Von der Liebe des Nächsten.

Deinen Nächsten, ja alle Menschen sollst du lieb haben, weil wir einen Gott haben, der uns geschaffen, und weil wir von einer Wurzel, von Adam, abstammen. Darum sind auch die Heiden unsere Brüder, denen wir die Seligkeit gönnen, ob sie sich vielleicht dazu wie wir vorbereiten, und die wir in dem Herrn lieben sollen. Doch steht uns der Christ näher, so er unsern Namen führt. Zuvörderst sollen wir ihn also behandeln in Worten, Werken, Hilfe und Trost, als wir wünschen, wenn wir seiner bedürften. Darnach sollen wir unserm Mitchristen nichts Böses in Worten, Werken und Gedanken bereiten, das ihn beleidigen könnte, und was wir nicht wünschen, daß man uns thue.

Das sind die zwei Stücke, in welchen das ganze Gesetz und die Propheten bestehen. Wer diese zwei, die **Liebe Gottes und des Nächsten ausübt**, der ist sicherlich ein Kind Gottes. Denn es ist dem Menschen nicht nöthig, alle Bücher des geistlichen und weltlichen Rechtes zu lesen oder die Schriften hohen Sinnes zu hören. Willst du aber Gott gefallen, so lies das heutige Evangelium und merke seine Bedeutung, um dein Leben darnach einzurichten, so wirst du ein Meister in allen Künsten sein. Denn der höchste Lehrer Jesus Christus hat in einer gar kurzen Lection die heiligen Gebote Gottes alten und neuen Testamentes gelehrt; lies sie und leb darnach, so wirst du ein Meister in der Gottheit. Lieben wir also Gott und den Nächsten, denn Gott hat uns zuerst geliebt — aber dadurch, daß wir seine Gebote befolgen. Denn willst du wissen, ob du Gott lieb hast, so frag dich selber, ob du seine Gebote gern und freudig hältest.

Ein Exempel von einem Herzog aus Burgund.

Gott den Allmächtigen sollen wir über Alles lieb haben, und den Nebenmenschen wie uns selbst. Aber es gibt gar viele tolle, unsinnige Menschen, welche die üppige, fleischliche Liebe mehr erwählen, als die Liebe Gottes oder des Nächsten. So lesen wir von einem Herzog von Burgund, der ließ seinen verstorbenen Vater ausgraben, um ihn in eine kostbare Stätte zu legen. Da nun das Grab geöffnet war, da sah er im Gesichte seines Vaters eine wüste Kröte, die an der Zunge des Vaters fraß. Darüber erschrack und erbebte er, so daß er vor seinen Rittern laut schrie: O der falschen Ehre dieser Welt, wie hat sie meinen Vater so arg betrogen; doch den Sohn soll sie nicht also betrügen. Darauf sprach er weiter: O Vater, wo sind jetzt deine Reichthümer, wo deine edlen, kostbaren Trachten, die Leckerbissen, die Wohlgerüche und Edelsteine; jetzt wirst du von giftigen Kröten gefressen. Wie du den Schweiß und das Blut der Armen verprasset und verzehrt hast, also frißt und verzehrt jetzt unheimlich Gethier dein faulendes Fleisch. Und nach solchem Begebniß verließ der Herzog alle Dinge dieser trügerischen Welt, trat in ein Kloster, wo er in der Liebe zu Gott und zu dem Nächsten sein Leben beschloß.

Hiermit beschließen wir diese Auszüge, ohne behaupten zu können, daß wir gerade das Beste aus diesen ganz vergessenen Lehr- und Erbauungsbüchern geboten haben. Wir berücksichtigten bei der Auswahl zunächst nur die Hauptfeste des Kirchenjahres, welche die großen Thatsachen unserer Erlösung vergegenwärtigen, und somit die Grundwahrheiten des christlichen Glaubens berühren, deren Auslegung und Inhalt, Tendenz und Form der Plenarien am kürzesten vorführen. Nur bei den letzten Glossen (Postillen) über die Liebe Gottes und des Nächsten wählten wir ein specielles Lehrstück, um zu zeigen, daß der Verfasser der jüngern Plenarien mit praktischem Sinn und Blick den Kern und die Grundlage der christlichen Moral so umfangreich und mit so viel Verständniß behandelt hat.

Immerhin werden diese Mittheilungen überzeugen, daß jene Plenarien in ihrer Zeit ein vortreffliches Hilfsmittel für religiöse Volksbildung waren und, da sie in verhältnißmäßig kurzer Zeit so oft gedruckt und verbreitet worden sind, gewiß viel Gutes gestiftet haben, zumal in Süddeutschland, wo sie in Straßburg, Augsburg, Nürnberg, Urach, Hagenau, Mainz und Basel erschienen, bald aber auch den Weg nach Norddeutschland fanden. Wir können noch mehr sagen und

behaupten, daß so viele und inhaltlich so trefflich geartete Postillen nach=
mals bis auf die neueste Zeit nie unter dem katholischen Volke ver=
breitet waren. Und es wäre in der That zu wünschen, daß aus den vor=
geführten Ausgaben eine Bearbeitung für unsere Zeit nach den jetzigen
Bedürfnissen veranstaltet würde: durch Auswahl des Besten und Aus=
scheidung des mannigfach Irrigen und weniger Ansprechenden, das eben
von den Mängeln und Schattenseiten jener Zeit herrührt.

Wir rechnen zu Letzterem, um nur eins zu erwähnen, den aus dem
Mittelalter herstammenden vielgestaltigen Wunderglauben, wie dieser
an vielen Stellen der spätern Plenarien in den beigefügten „Exem=
peln" zu Tage tritt. Ueber diesen Wunderglauben ist so viel gesagt,
gekrittelt und auch gespottet worden, selten aber hat Jemand richtig und
unparteiisch darüber geurtheilt. Das Treffendste hat wohl Friedrich
Hurter, damals noch Protestant, in seinem P. Innocenz III. Bd.
IV. S. 537—48 in Nachstehendem gesagt: „Alle Schriftsteller dieser
Zeit (12. und 13. Jahrhundert) sind voll von Wundererzählungen,
ein Beweis, wie allverbreitet, wie in das Leben eingegangen der Glaube
an Wunder gewesen sei. Manchen derselben sieht man ohne weiteres
das Mährchenhafte an; andere dürften durch Schmuck, womit Thatsachen
allmählig umgeben wurden, diese Gestalt gewonnen haben; bei einzelnen
dagegen möchte die Kritik, insofern sie sich mit bloßem Verneinen nicht
gleichstellen will, am sichersten ihre Unzulänglichkeit erklären. — Wofür
man sich aber auch immer entscheiden möge, eine Wahrheit liegt
unverkennbar in dieser Wunderfülle: daß dieselbe auf den
Wandel von Tausenden nicht ohne Einfluß bleiben
konnte. — Man mag unbedenklich viele jener Wunder kindisch, unge=
reimt nennen; dennoch blickt durch diese Schlacke das Gold der Aner=
kennung eines Alles erfüllenden, in Allem waltenden,
allenthalben gegenwärtigen, die Frommen väterlich be=
schirmenden, die Wankenden erschütternden, die Frevler
furchtbar zermalmenden höhern Macht." Und daß dieses ge=
rade von den ausgewählten Exempeln unserer Plenarien gilt, dürften
schon die wenigen, von uns mitgetheilten Beispiele hinreichend bekunden.

Hat man in neuester Zeit für religiöse Volksbildung von dem na=
turwüchsigen, derb materiellen Pater Cochem und dem praktischen Prä=
monstratenser Leonard Goffine aus dem Ende des 18. Jahrhunderts
Vieles mit gutem Erfolge reproducirt und bearbeitet, so verdienen es,
wir wiederholen dieß mit Zuversicht, noch mehr unsere Plenarien,
welche sich schon vor vier Jahrhunderten als treffliche religiöse Volks=
bücher erwiesen haben. Bringen wir den unbekannten Verfassern die
ihnen nur zu lange vorenthaltene Anerkennung, tragen wir aber auch

dazu bei, daß sie mit dem, was sie gottesfürchtigen, gläubigen Sinnes schufen, auch bei uns noch segensreich wirken: Zur Ehre Gottes und zum Heile des christgläubigen katholischen Volkes.

D. Verwandte Hülfsmittel
zur religiösen Volksbildung in derselben Zeit am zahlreichsten gerade in Teutschland.

Am Schluß unserer Abhandlung fühlen wir es lebhaft, daß unsern Mittheilungen eine wesentliche Lücke verbliebe, wenn wir nicht, sei es auch nur flüchtig und übersichtlich, der andern Hülfsmittel erwähnten, welche im 15. und zu Anfang des 16. Jahrhunderts in Teutschland für religiöse Volksbildung existirten. Wir gedenken hier 1) der schon oben berührten Thatsache, daß vor Luthers Auftreten wenigstens 14 vollständige Bibeln in hochteutscher und 5 in niederteutscher Mundart existirten, und daß von ersteren die Freiburger Universitätsbibliothek 8 besitze. Die Drucke derselben seit 1466 liefen parallel mit den Plenarien, folgten sich also ebenso schnell, was sicher einen Schluß machen läßt, wie auf deren Bedürfniß so auf weite Verbreitung bis unter das Volk, denn die zahlreichen Holzschnitte, mit denen die meisten Ausgaben geschmückt sind, waren sicher darauf berechnet, das Volk anzuziehen. Auch fehlt es nicht an Zeugnissen von dem Lesen der teutschen Bibeln unter dem Volke: Der Herausgeber der Cölner Bibel (zw. 1470—1480) z. B. mahnt in der Einleitung „jeden Christenmenschen, die Bibel mit Innigkeit und Ehrfurcht zu lesen. Alle gute Herzen, die diese Uebersetzung der heiligen Schrift sehen, hören und lesen werden, sollen mit Gott eins werden, und den heiligen Geist, der dieser Schrift ein Meister ist, bitten, sie zu erleuchten, diese Uebersetzung nach seinem Willen zu verstehen und zu ihrer Seelen Seligkeit."

Da die ganze Bibel übrigens wohl niemals ein Volksbuch war, so ist man frühzeitig darauf bedacht gewesen, einzelne Theile des A. u. N. T. in der Volkssprache zu verbreiten. Aus dem A. T. sind hier zu verzeichnen die zahlreichen teutschen Ausgaben der Psalmen; die drei ältesten erwähnt Panzer, Annalen ꝛc. unter Nr. 14, der Psalter teutsch und lateinisch, ohne Jahreszahl, Drucker und Druckort, klein Folio; unter 15, deuczsche Psalter, am Ende Lipczk in Octav; unter 16, Hie heben an die Titel des psalters oder einen jeden psalm, Augspurg durch Josue pflanzman. In Quart. Darnach führt er noch acht solche an unter Nr. 326, der Psalter zu teutsch, Augspurg 1492; unter 375, zu Augspurg 1494; unter 522, zu Basel 1502; unter 532 ibid. 1503; unter 545 zu Speyer 1504; unter 562 zu Straßburg 1506; unter 576 zu Straßburg 1507; unter 743 zu Metz 1513. Ebenso wurde das Buch Job einzeln teutsch herausgegeben zu Straßburg 1498 u. ö.

Aus dem neuen Testamente wurden sehr zahlreich die Evangelien und Episteln durch das ganze Jahr verbreitet, öfters sammt den vier Passionen oder die Passion für sich allein, vgl. Panzer unter Nr. 87, 123, 344, 632, 804 und Nr. 1023. Daran reihten sich bald Darstellungen des „Lebens Jesu Christi gezogen auß den vier Evangelisten mit kurzer beyleer vnd christlicher vnderweisung ꝛc." Straßburg 1508, Nürnberg 1514, Augsburg 1515 bei Panzer unter Nr. 601, 768, 804.

Und zu allem diesem kamen schließlich noch die bildlichen Darstellungen des wesentlichen Inhaltes des A. u. N. T. in den sogenannten Armenbibeln mit den geist- und sinnvollen Gruppen, welche den Vorbildern im A. T. die Erfüllungen im N. T. gegenüberstellen. Waren die kurzen Bibeltexte unter den Bildern und in Spruchbändern früher lateinisch, so wurden sie jetzt in teutscher Sprache gegeben. Panzer, Annalen ꝛc. führt eine solche Bibel der Armen vom Jahr 1470 in Folio unter Nr. 3 an, und bemerkt: Dieses Buch gehört unter die ersten Denkmäler der Buchdruckerkunst, worauf er dieses und ähnliche Werke S. 57—59 näher beschreibt. Vgl. Laib und Schwarz, Biblia Pauperum, Zürich 1867, Fol. S. 6 ff. Ausgaben mit latein. und teutschem Text.

2) Mit den Plenarien verwandt und deren Aufgabe vervollständigend waren die teutschen Erklärungen der heiligen Messe, welche neben den frühesten Ausgaben jener verbreitet wurden. In Panzer's Annalen ꝛc. wird eine solche ohne Angabe des Druckers und Druckortes unter Nr. 17 angezeigt: „Die außlegung des ambts der heyligen messe; am Ende: Hie endt sich das man nent die außlegung des ambtes der heyligen messe, darinne man vindt gar wol verklert, was ein yeglichs wort bedeut, von anfang der messe biß zum end. Also das das latein vorstat vnd das teutsch darauf gat; nach allem fleyß verklert vnd außgelegt."

3) Verweisen wir auf die zahlreichen Drucke der teutschen Schriften jener herzinnigen Mystiker des 15. Jahrhunderts Tauler, Suso, wie der Verteutscher der Nachfolge Christi von Thomas von Kempen. Von letzterer führt Panzer, Annalen unter Nr. 225 nachstehende Ausgabe an: Ein ware nachvolgung Christi. Am Ende: Hie endet sich das lobliche buche genennt die ware nachvolgung Christi. Gedrucket und vollendet in der keiserlichen statt Augspurg von Anthonio Sorg 1486. In Quart. Diesen können wir noch beifügen die in zahlreichen Drucken veröffentlichten freisinnigen, oft ironischen,

aber auch von tiefem Ernst zeugenden Schriften des Sebastian Brant und Geiler's von Keisersperg.

4) Sind zu erwähnen die wiederholten teutschen Ausgaben der Leben der Heiligen, die nach dem Kirchenkalender geordnet meist in einen Winter- und Sommertheil zerlegt sind. Panzer, Annalen ꝛc. führt mehrere Editionen an von Augsburg 1471; ebenda 1475; wohl auch von Augsburg 1485; ebenda 1486; zu Nürnberg 1488; Augsburg 1494; eine niedersächsische Ausgabe von Lübeck 1499; von Augsburg 1513; Legende von Kaiser Heinrich II. zu Bamberg 1511; Legende der Augsburger Heiligen zu Augsburg 1516; auch fehlt hiebei nicht ein teutsches Martyrologium nach dem Kalender, bei Panzer unter Nr. 198. Zu diesen Biographien der Heiligen bemerkt Panzer, Annalen ꝛc. S. 61, „daß dieselbe keineswegs eine Uebersetzung von des Jac. de Voragine legenda aurea seien, daß sie vielmehr von derselben ganz abweichen; wie sie auch nicht wie diese in fünf, sondern in zwei (Winter- und Sommer-) Theile zerlegt sind." Doch gleichen sich beide darin, daß sie keine beglaubigte Geschichte der Heiligen liefern, sondern deren Leben beschreiben, wie es sich in der Erinnerung und Vorstellung des damaligen Volksglaubens zur Legende gestaltete, und daß neben dem vielen ganz Ungeschichtlichen der bunte Wunderglaube des Mittelalters zu Tage tritt (s. oben S. 64), kann ohne weiteres vorausgesetzt werden.

5) Ueber die zahlreichen Versuche, durch Katechesen der mannigfachsten Art in Bild und Schrift ein christliches Volk heranzuziehen, verweisen wir auf die preiswürdige Forschung und Darstellung Geffcken's in dessen Bildercatechismus, Leipzig 1855. Doch wollen wir schließlich

6) Etwas eingänglicher behandeln die ebenso zahlreichen als beachtungswerthen Arbeiten zur Verbreitung von Gebet- und Erbauungsbüchern, insbesondere für Vorbereitung zum würdigen Empfange der heiligen Sacramente der Buße und des Altars.

Da durch die Plenarien die Laien schon vertraut gemacht worden waren mit den Meßbüchern, so lag es nahe, jenen auch die Bekanntschaft mit dem Brevier, dem Gebetbuche der Geistlichen, zu ermöglichen. Eines solchen Versuches erwähnt Panzer, Annalen ꝛc. unter Nr. 890 mit nachstehendem Titel: Betbuch die syben zeit von Latein zu Deutsch gemacht. Am Ende: Ein end hat das deutsch römisch Brevier, welches aus dem Lateinischen römischen Brevier, nach rechten waren gemainen Deutschen, welches auch durch Jacob Wyg Barfüßer ordens — in eine solliche Ordnung gesetzt ist. Gedruckt zu — Venedig 1518.

Aus den anderweitigen Gebetbüchern erwähnen wir: Betbüchlein in niedersächsischer Sprache, Lübeck 1487 und 1499, bei Panzer Nr. 239 und 268. Teutsches Gebetbuch, welches nach Panzer Nr. 335 im Jahr 1492 zu Basel in Octav erschien. Gebetbüchlein gedruckt zu Meyntz durch Joh. Schoeffer 1514 in Octav; ein Gebetbüchlein, Salus anime genannt, Nürnberg 1503. Besonders beliebt und weit verbreitet war Hortulus anime, zu teutsch Selen wurtz gertlein genant, vgl. Panzer, Annalen 2c. unter Nr. 580, der dann Ausgaben von 1503 zu Straßburg, von 1507 ebenda; von 1508 ebenda; von Nürnberg 1513, 1516 und 1518 ebenda anführt. Weislinger gibt im armamentar. p. 763 ff. mehrere Auszüge und den vollständigen Titel der Ausgabe von 1508, der also lautete: „Der Selen gärtlin wurde ich genent, von dem latein man mich noch kent, zu Straßburg in seyne vaterlant, hat mich Sebastianus Brant, besehen und vast corrigirt, zu teutsch auch vil transferiirt, was man in mich säht hie in zeyt, dasselb man dort mit freyden schneyt, so würt der somen recht auffgon, wer mich recht pflantzt, dem wiirt der Lohn." Unter den Auszügen Weislingers befindet sich auch das bekannte schöne Gebet:

Die Seele Christi heilige mich; der Leichnam Christi bewahre mich; das Blut Christi tränke mich; das Wasser, das von seiner Seite floß, das wäsch mich; die Marter Christi stärke mich; o guter Jesu erhöre mich; in bein heilige Wunden verbirg mich. O Herr hilff mir, daß ich nimmer geschieden werd von dir; vor dem bösen Feinde beschirm mich; in der Stund meines Todes begnad mich; und setz mich zu dir, auf daß ich dich mit beinen heiligen Engeln loben mög ewiglich. Amen.

7) Ein besonderes Gewicht legten die damaligen geistlichen Lehrer auf eine fruchtbare Vorbereitung zum würdigen Empfange der heiligen Sacramente der Buße und des Altars. Denn wir begegnen hier einer reichhaltigen Literatur: bezüglich des Bußsacramentes nicht nur für die Pönitenten, sondern auch für die Beichtväter.

Panzer führt in den Annalen 2c. nachstehende Druckwerke an unter Nr. 42: Das Buch genannt der spiegel des sünders. Am Ende: in wölichen büchlein der mensch lernen mag, wie und durch was gestalt er sich zu gott soll viegen und nähen. Das ist durch wahre erkantnuß seiner sünden 2c. Ohne Anzeige des Jahres und Druckers. Gleich barauf unter Nr. 43 erwähnt er eines andern: nutzlich Beichtbüchlein in Octav, das mit den Worten anfängt: „Es send vil menschen, den ihr beicht wenig ober gar nichts hilft von dreierlei sach wegen 2c. — Darauf: Das buch genannt b' spiegel des Sünders, wie er sich zu got soll keren, gedruckt zu Augspurg von Anthoni sorg 1480. In Quart. — Das Buch der spiegel des sünders genant — gedruckt in Augspurg von Hansen Schönsperger 1482. — Eyn kurze christl. unterweysung recht zu buffgen — und ordentlich zu beichten. Erfforbt 1519. Der gülbin Spiegel des Sünders — volenbet zu Basel 1497. — Peycht Spigel der sünder — gedruckt zu Nürnberg durch Hanssen stüchs 1510. In Quart.

Viel sorgfältiger und eingänglicher berichtet über die fraglichen Werke Gefscken im Bildercatechismus und zwar in der Einleitung des Capitel III: Wie sich der Catechismus aus der Beichte entwickelt hat; Capitel IV: Die Schriften über die zehn Gebote für weise und gelehrte Beichtväter; Capitel V: Bücher für ungelehrte Beichtväter zum unmittelbar praktischen Gebrauch. — Besonders ausführlich berichtet er in Capitel III über ein nur als Manuscript existirendes und in der Bibliothek in Gießen erhaltenes Beichtbüchlein eines Frankfurter Capelans Johannes Wolff vom Jahr 1478, welches also beginnt: „Vor die anhebenden kynder und ander zu bichten in der ersten bycht", welche auch nach einem darin befindlichen beachtenswerthen Beispiele ausführlich von Gefscken mitgetheilt wird S. 26—28.

Hierher gehören auch die zahlreichen Druckwerke über die zehen Gebote des Herrn nach Panzer, Annalen Nr. 175, gedruckt zu Venedig durch meister erhart ratbolt von Augspurg 1483; die zehen gebot des herrn, die neun fremden sünd, die sechs sünd in den heiligen geist, die vier rueffenden sünd — gedruckt zu Augsburg 1497, bei Panzer unter Nr. 423. Die zehen Gebot &c. Straßburg 1516, bei Panzer Nr. 833. Die siben hauptsünd &c. Straßburg 1516, bei Panzer 834. Daran reihen sich die bildlichen Darstellungen der zehen Gebote, welche Gefscken l. c. S. 49 ff. ausführlich bespricht. Zudem bildete der Unterricht über die Beichte einen wesentlichen Theil der damals zahlreich verbreiteten Gebetbücher.

Ebenso umfangreich und sorgfältig waren die Vorbereitungen zum würdigen Empfange des allerheiligsten Sacraments des Altars. Indem wir es uns versagen müssen, diese einzeln anzuführen[1], gereicht es uns zu großer Freude abermals zu constatiren, daß auch in dieser Sphäre das Beste wohl wieder in Basel geleistet worden ist. Wir meinen das ursprünglich von einem Domherrn lateinisch geschriebene, dann von einem Carthäuser teutsch übersetzte Büchlein: „Eine Be-

---

[1] Es sei nur erwähnt: Von dem hochwirdigen Sacrament des fronleichnam Cristi Jesu, mit gar notbürfftigen vnd schönen underweyssungen. Gedruckt zu Nürnberg 1514 in Octav. Bei Panzer, Annalen &c. Nr. 771.

reitung zum Sacrament mit andächtigen Gebeten vor und nach" zum öftern in Basel gedruckt, von welchem Herzog, das Leben Joh. Oekolampads, Basel 1843, S. 41 sagt: „Es athmet den Geist der reinsten und edelsten Mystik; selten mag wohl ein Communionbuch gefunden werden, welches von gleicher Glut der Andacht durchdrungen wäre," was die nach ihm hier vorzuführenden Auszüge bestätigen, aber zu seiner Vermuthung, es werde darin die Werkheiligkeit bekämpft, gar keine Veranlassung geben; vielmehr spricht schon der zweite Satz dagegen.

Indem der Verfasser das bittere, schwere Leben Jesu Christi von der Wiege bis zum Grabe betrachtet, ruft er aus:

„Eile, Herr, komme her, alle Freude meines Geistes, daß ich mich an dir ergötze; zeige mir den Weg, o du ewige Freude meines Herzens, daß ich dich finde, o Begierde meines Gemüthes. Wie der Tagwerker seines Lohnes und der Ruhe, also ist meine Seele nach dir begierig. Strecke deine Hand über mich aus und erlöse mich. Ich bin der arme Pilgrim, der nach Jericho ging, von Mördern gefangen und gar übel zugerichtet und verwundet ward. Du milder Samaritan, nimm mich in deine Pflege; ich habe zu viel gesündigt in meinem Leben; von der Fußsohle bis zu oberst an den Haarscheitel ist nichts Gesundes an mir; hättest du mir nicht geholfen, da du für mich am Kreuze starbst, so wäre meine Seele der Hölle zu Theil geworden. — Nun eile, Liebhaber meiner Seele, sieh nicht an, daß sie schwarz von Sünden ist, zeige ihr dein begierliches Antlitz; deine Stimme töne in ihren Ohren; denn deine Stimme ist süß und dein Antlitz klar und schön, komm Liebhaber, laß uns hinaus gehen und sehen, ob die Reben blühen, bekehre mein traurig Weinen in geistliche Freude."

„O der wunderbaren Süßigkeit, o der süßen, freundlichen Liebe, daß Gott als ein kleines Kindlein geboren, eingewickelt und in die enge Krippe gelegt ist. O heilige, süße Kindheit, die du dem menschlichen Herzen die rechte, wahre Unschuld eingegossen hast, durch die alles Alter wieder eingehen soll in selige Kindheit."

„O selige Armuth, du hattest kaum so viel Tuch, daß du bekleidet werden mochtest, du, der doch die weite Welt bedecket, den Himmel mit Sternen, das Erdreich mit schönen Blumen, die Thiere mit wunderlichem Unterschied geziert hat. Du liebliches Kind, darum bist du von den Himmeln herabgekommen, daß du uns nach deiner Armuth begiermachest."

„O der wunderlichen Gnade, daß Gott der Herr weinet in der Wiege, den die Engel anbeten im Himmel; als ob er sterblich wäre, saugt er an den Brüsten seiner Mutter, der das Leben gibt allen Dingen, den wir hören in den Wolken, und der das Erdreich begießt mit Regen. Nimm wahr der hohen Zusammenfügung der niedrigsten und der höchsten Dinge. O Speise alles Lebens, speise meine Seele mit deiner heiligen Lehre."

„Lob und Dank sag' ich dir, um Aufsetzung deines Namens; mein einig Heil, schreibe deinen heiligen Namen in mein Herz, nicht mit Buchstaben, sondern mit deinem heiligen Geiste, daß er darin hafte ewiglich, daß weder Glück noch Unfall mich von deiner Liebe scheiden möge. O süßer, seliger Name Jesu, der da gesund macht alle Siechen, erleuchtet die Herzen, vertreibt die Traurigkeit, wirket Frieden und Einigkeit."

Einen noch höhern Schwung nimmt dann der Verfasser bei der Betrachtung der Kreuzigung des Erlösers:

„Nun sieh über dich, getreuer Diener, wie dein Herr und Erlöser zwischen den Hörnern des Kreuzes hängt. Er erwartet deine Ankunft und gewährt dir freien Zutritt. Er streckt aus seinen minniglichen Arm, er zeigt dir seine geöffneten Wunden, er neigt sein Haupt zum Kusse, er ist bereit dich zu empfahen, und alle deine Sünden ohne jeglichen Verzug zu vergeben. Darum gehe unerschrocken zu dem heiligen Bilde, umfange ihn lieblich, halt ihn fest, da lege dich nieder, weiche nicht von dem Kreuze, bis du von den herabrinnenden Blutstropfen etwas erworben. Wo er begraben wird, da sei die Stätte deiner Ruhe. Gehe in deines Herzens Heimlichkeit, da laß dich den gekreuzigten Jesum finden, in seine heiligen Wunden verflossen. — Fern sei alles Vertrauen auf dein eigenes Verdienst, denn all dein Heil steht allein in dem Kreuz Jesu Christi, darauf du alle deine Hoffnung fröhlich setzen sollst."

„Siehe an das Holz des heiligen Kreuzes, siehe, seine (des Herrn) klaren Augen sehen nicht, vor denen sich doch Niemand verbergen kann; seine bleichen Ohren hören nicht, die doch alle Dinge wissen, ehe sie geschehen. Seine Nase fasset keinen Geruch, der doch allen Blumen ihren süßen Geschmack verleiht. Seine Wangen sonst der Turteltaube so lieblich, haben ihre Schöne verloren. O Erlöser meiner Seele, wer gibt mir Erfüllung meiner Begierde, daß ich bei dir am Kreuze sterbe."

„O Tod, was hast du gethan, wie durftest du dich unterstehen, die Hand an den Gesalbten des Herrn zu legen? Du hast getödtet nicht ohne deinen großen Schaden, denn indem du das Leben tödtest bist du selbst getödtet und zertreten; und mit dem Angel der Gottheit durchstochen, hast du deine tyrannische Herrschaft verwirkt. Darum singt billig die Kirche mit hoher Stimme: „An dem Holz das Leben stirbt, vom Biß die Höll beraubet wird.""

Und für den Empfang des allerheiligsten Sacramentes hat uns Weislinger armamentar. p. 767—768 folgende drei Gebete an Gott

Vater, Sohn und heiligen Geist aus dem Seelengärtlein von 1508 mitgetheilt:

Zu Gott dem Vater: Herr Gott heiliger himmlischer Vater, der du deinen eingebornen Sohn unsern Herrn Jesum Christum in diese Welt gesendet hast, um des Willen, daß er uns mit seinem heiligen Fronleichnam speise, und uns mit seinem bittern Tode von dem ewigen Tode erlöse; erbarme dich gnädiglich auch über mich armen Sünder, und durch die Liebe desselben lieben Sohnes und des heiligen Geistes, laß mich nicht unehrbar noch unwürdig empfangen das Leben meiner Seele und den Trost der ewigen Seligkeit. Amen.

Zu Gott dem Sohne: Herr Jesu Christe, der du um unseres Heiles willen deinen Leib in den bittern Tod dargebracht hast, und dich selbst in dem Sacrament des heiligen Fronleichnams und Blutes zur Speise und Sättigung der Seele hingegeben hast, erbarme dich meiner, und durch die Liebe deines himmlischen Vaters und des heiligen Geistes verleihe mir, daß ich dich meinen Heiligmacher nicht zum Gericht und zur Verdammniß, sondern zur Arznei und zum Heile meiner Seele empfahe. Amen.

Zu Gott dem heiligen Geiste: Gott heiliger Geist, der du deine göttliche Gnade ertheilst wo du willst, und durch deren Eingießung in die Herzen erfreuest, erbarme dich meiner, und verleihe mir durch die Liebe des Vaters und des Sohnes, daß ich mit entzündeter Liebe und inbrünstiger Begierde verdiene, den Lohn meiner Seele zu empfangen. Amen.

8) Mit besonderer, zärtlicher Liebe haben sich schließlich die damaligen geistlichen Lehrer den Kranken und Sterbenden zugewandt. Groß ist die Zahl der Bücher, welche diesen gewidmet sind. Ohne Jahr und Druckort erwähnt Panzer, Annalen ꝛc. unter Nr. 45: Das Büchlein von dem sterbenden menschen in Quart; später unter Nr. 176: Ein Büchlein von der liebe gottes mit sampt dem spiegel der kranken und sterbenden Menschen. Gedruckt zu Augspurg von Anthonio sorg 1483; unter Nr. 446 mit gleichem Titel, gedruckt zu Augsburg von hansen Schönsperger 1498; unter Nr. 911: Versehung beyder Seel ond leibs des Menschen durch geistlich ond leibliche Arznenung, Straßburg 1518. Und außer diesen speciellen Anleitungen war auch in den Lehr- und Gebetbüchern jener Zeit viel Stoff zum Troste der Kranken und zur Stärkung für den Sterbenden geboten. So theilt uns wiederum Weislinger in den armamentar. p. 766—67 aus dem Seelengärtlein folgendes Lehrstück mit:

„Wie man soll lernen sterben, eine gute Lehr, begriffen in sechs Stücklein, und soll sie der Mensch alle

Tage für sich nehmen und also lang lernen sterben, bis daß er es wohl gelernt hat."

Das erste ist: Daß man sich soll hinkehren zu Gott mit einer wahren, ganzen Reue, und leib haben um all' seine Sünde, die man je wider Gott begangen hat, und darauf einen guten Willen und Vorsatz fassen, sollte man länger leben, nimmermehr eine Todsünde zu thun.

Das andere ist: So soll sich der Mensch von allen zeitlichen Dingen abwenden, und hinkehren in den himmlischen Hof zu der würdigsten Mutter Gottes, zu den Engeln, zu allen lieben Heiligen und allem himmlischen Heer, daß sie ihm von Gott erwerben ein gut selig christliches Ende, und ihm ein Geleit sein mögen von diesem zergänglichen Leben in das ewige Leben.

Das dritte ist: Er soll sich kehren zu den heiligen Wunden unsers lieben Herrn, und sunderlich in die heiligen fünf Wunden Christi, an das mit Liebe entflammte süße Herz unsers lieben Herrn, und daraus Gnad und Ablaß der Sünden begehren, daß daraus für ihn bezahlet werde, und er darin geläutert und gereiniget werde von allen seinen Sünden.

Das vierte ist: Daß sich der Mensch opfern soll als ein lebendig Opfer unserm lieben Herrn, und sich also gründlich und williglich ergeben in das Leiden und in den Tod; daß er sterben wolle Gott zu Lob und zu Ehren, und zur Dankbarkeit für sein bitteres Leiden und heiligen Tod, den er williglich für unsere Sünd getragen hat. Und also von großer Andacht seines Herzens und aus Begierde zum ewigen Leben begehren zu sterben, und bei Christo zu sein (Philipp. I, 23).

Das fünfte ist: Der Mensch soll sein Sterben und all des Todes Wehe im Voraus erwägen und begehren, daß das, jenes und dieses fruchtbar und geheiligt werde in dem Leiden, in den heiligen Wunden, in dem Sterben und in dem Tod Christi unsers lieben Herrn, und in aller seiner Liebe und seinen heiligen Werken. All' dieß soll ein Mensch vorher begehren und nicht erst, wenn er sterben muß; er soll vielmehr lange vorher sich dazu schicken, dieweil er noch gesund ist.

Das sechste ist: So der Mensch dann sterben muß, soll er sich gründlich und fest versenken in den christlichen Glauben, und den festen Willen haben darin zu verharren, sich nimmer davon zu kehren, und endlich sich in Gottes Willen mit vollem Vertrauen ergeben, daß er ihn nicht verlassen werde.

Nach diesen speciellen Angaben verstehen wir ohne weitern Commentar den merkwürdigen Sermon von Sebastian Brant, mit welchem er sein berühmtes Narrenschiff begann:

> All land synd yetzt voll heiliger geschrifft,
> Und was der Seelen heil antrifft,
> Bibel, der heiligen väter ler,
> Und ander der gleichen bücher mer
> In masz, das ich fer wunder hab,
> Das nyement bessert sich darab.

Wir unserseits würden uns freuen, wenn wir nach Vorführung dieser wenig oder gar nicht gekannten Details dazu beigetragen hätten, endlich die hartnäckige Behauptung zu verbannen, daß im 15. Jahrhunderte für religiöse Volksbildung wenig oder nichts geschehen sei. Die hier zusammengestellten Thatsachen liefern vielmehr den Beweis, daß alles nur Wünschenswerthe zumal in Südteutschland, im Umkreise der größten teutschen Diöcese Constanz, dafür geleistet worden ist. Dagegen müßte es uns schmerzlich berühren, wenn jenes ganz unbegründete Vorurtheil fortbestehen und in Geschichtsbüchern noch ferner verbreitet würde, und wir dann wie seiner Zeit Jacob Grimm klagen müßten: „Was hilft es, daß nun die Gedichte herausgegeben sind, die uns das beseelte, frohe Leben jener Zeit (des Mittelalters) in hundert sinnigen und rührenden Schilderungen darstellen? Des Geredes über Faustrecht und Feudalismus wird doch kein Ende; es ist als ob die Gegenwart gar kein Elend und Unrecht zu dulden hätte" (teutsche Rechtsalterthümer, Vorrede S. XXI).

Neue Erscheinungen und Fortsetzungen

aus der

Herder'schen Verlagshandlung

in

Freiburg im Breisgau.

Januar bis März 1874.

Allcker, J., Die Volksschule. Unter Mitwirkung von Fachmännern herausgegeben. **Vierte Lieferung.** gr. 8°. 12 sgr. — 42 kr.

Cochem, P. M. v., Das große Leben und Leiden unseres Herrn und Heilandes Jesu Christi. 4°. **Dritte Auflage** in 20 Heften. Erstes Heft. Gewöhnliche Ausgabe 4½ sgr. — 15 kr. pro Heft mit **Gratis-Prämie:** „Christus am Kreuz, von Engeln umgeben".

Ehrler, J., Das Kirchenjahr. Eine Reihe von Predigten. **Vierzehntes Heft.** gr. 8°. 15 sgr. — 54 kr.

Hagemann, Dr. G., Elemente der Philosophie. **Dritte, durchgesehene und vermehrte Auflage.** 8°. Dritte Abtheilung: Psychologie. 22½ sgr. — fl. 1. 18 kr.

Hefele, Dr. K. J. v., Conciliengeschichte. VII. Band. 2. Abtheilung. Die Concilien von Basel und Ferrara-Florenz. gr. 8°. Thlr. 1. 24 sgr. — fl. 3. 6 kr. (Schluß des ganzen Werkes.)

Hergenröther, Dr. J., Katholische Kirche und christlicher Staat. **Zweite Auflage.** Vollständig in einem Band. Thlr. 2. — fl. 3. 30 kr.

Kellner, Dr. L., Deutsches Lese- und Bildungsbuch für höhere katholische Schulen. **Siebente Auflage.** Feine Ausgabe: Thlr. 1. 15 sgr. — fl. 2. 36 kr. Gewöhnliche Ausgabe: Thlr. 1. 10 sgr. — fl. 2. 12 kr.

Lasserre, H., Unsere liebe Frau von Lourdes. **Dritte, unveränderte Auflage.** 12⁰. 27 sgr. — fl. 1. 30 kr.

Missionen, die katholischen. Illustrirte Monatschrift in 4⁰. Pro Semester 6 Nummern: 20 sgr. — fl. 1. 10 kr.

Morris, P., S. J., Memoiren eines Jesuiten. Nach dem Englischen. **Zweite, neu durchgesehene Auflage.** 15 sgr. — 54 kr.

Reuter, Dr. W., Literaturkunde, enthaltend: Abriß der Poetik und Geschichte der deutschen Poesie. **Sechste, verbesserte Auflage.** 8⁰. 14 sgr. — 48 kr.

Schuster, Dr. J., Handbuch zur Biblischen Geschichte des Alten und Neuen Testaments. Für den Unterricht in Kirche und Schule sowie zur Selbstbelehrung. Mit vielen Holzschnitten und Karten. **Zweite Auflage,** bearbeitet von Dr. J. B. Holzammer.
Erscheint in ca. 8 Lieferungen à 15 sgr. — 54 kr.
Die ersten 5 Lieferungen bilden den ersten Band: **Das Alte Testament.** Thlr. 2. 15 sgr. — fl. 4. 30 kr.

Stimmen aus Maria-Laach. Katholische Monatschrift. gr. 8⁰. Monatlich erscheint ein Heft à 9 sgr. — 30 kr. Sechs Hefte bilden einen Band.

Stolz, A., Erziehungskunst. 8⁰. **Zweite, vermehrte Auflage der „Kinderzucht".** 26 sgr. — fl. 1. 30 kr.

—— Schreibende Hand auf Wand und Sand. **Erste Abtheilung.** 12⁰. Gewöhnliche Ausgabe 5 sgr. — 15 kr. Feine Ausgabe 6 sgr. — 18 kr.
Die zweite Abtheilung ist unter der Presse.

—— Legende oder der christliche Sternhimmel. Octav-Ausgabe in 12 Monatsheften mit Gratis-Prämie in Oelfarbendruck „Der gute Hirt". Pro Heft 10 sgr. — 36 kr.

Tillmann, G., Das Gebet nach der Lehre der Heiligen. **Erster Band:** Vom Gebet im Allgemeinen. Thlr. 1. 26 sgr. — fl. 3. 12 kr.

Vetter, Tabellen zur schnellen und richtigen Berechnung der Zinsen aus 1 bis 50,000 Mark Kapital von 1 bis 365 Tagen zu 1 bis 6%. Broschirt 20 sgr. — fl. 1. 10 kr.; gebunden in Leinwand Thlr. 1. — fl. 1. 45 kr.